ロバはまだ自転車に乗って

シチリアからアムステルダムまで
ヨーロッパ縦断自転車四、六〇〇キロの旅

石岡通孝

未知谷
Publisher Michitani

まえがき

この本は、イタリアのローマを出発し、スロベニア、ハンガリー、スロバキア、オーストリア、ドイツを通り、オランダのアムステルダムまでの計七カ国、四六四九キロを自転車で走った九十五日間の旅の記録だ。

なぜ自転車で旅をしたのかと問われても、はっきりした答えがあるわけではない。

前著『ロバは自転車に乗って』(二〇一〇年、未知谷)のまえがきにはこう書いている。

「旅の魅力とはなんだろう。旅への思いは人それぞれだろうが、なにか未知のものを自分の全身でとらえてみたいという衝動、自分の足で大地を駆け巡り、木々の香りを運ぶ微風を肌に感じてみたいという思い、自分の旅の動機はおそらくそんなものだ。周りから見るとなんとも面倒としか思えない旅をしてみたのも、金で簡単に得られる喜びはしょせんそれだけのものでしかない。そんな気持ちが心の底にあったからだろうか」

今でも、この考えには変わりはない。

あえて、付け加えることがあるとしたら、だれもが通り過ぎてしまうような、ひっそりとたたずむ風景を眺めたり、人々の何げない日常の姿に触れてみたいという気持ちがあったのかもしれない。そして、日常から切り離された自分を見つめることによって、終盤を迎えた自分の人生を振り返ってみたいという思いが隠されていたのかもしれない。

いずれにせよ、そのような旅を望むとしたらたっぷりの時間と対象との身近な距離感は欠かせない。自転車の旅になったのは、たぶんそのような理由があったからだ。

旅は変化のない日常に慣れきってしまった自分を別世界に連れ出すことだ。そうだとすると自分の中からいったん日常を消去して、リセットすることから旅は始まる。

そして、旅で体験した楽しかったこと、つらかったこと、悲しかったこと、美しかったものなどを新しいエネルギーとして心の中に充填していく作業だ。

旅が、怠惰な生活の中に埋没してしまった自分を取り戻すための過程だとすれば、この本は三ヶ月をかけた、ささやかなリハビリの報告書といえるのかもしれない。

ところで表題のロバについて、一言説明しておきたい。これは「ロバは旅に出たからといって馬になって帰りはしない」というスペインのことわざからとったものだ。

しょせん、馬にはなれないロバがなにを思い、なにを感じながら旅を続けたのか、この文章を通して、読者の皆様に少しでも追体験していただけるならば筆者としてもこれ以上の喜びはない。

ロバはまだ自転車に乗って　目次

ブレーマーハーフェン
ノルデンハム
ブレーメン
フェルデン
ム
ーペルドールン
カッセル
バート・ヘルスフェルト
フルダ
ヴュルツブルク
ローテンブルク
レーゲンスブルク
パッサウ
ドナウヴェルト
インゴルシュタット
リンツ
メルク
ウィーン
ブラチスラヴァ
タタバーニャ
エールド
シオーフォク
ヘヴィーズ
モラフスケ・トプリツェ
リュブリャナ
サン・ヴィート・アル・タリアメント
ポストイナ
トリエステ
パドヴァ
ラヴェンナ
フィレンツェ
シエーナ
マルタ
チヴィタヴェッキア
ローマ
アンツィオ
ガエータ
ナポリ
パレルモ

アムステ
DUBLIN
A T L A N T I Q U E
MADRID
ALGER

ロバはまだ自転車に乗って

シチリアからアムステルダムまで　ヨーロッパ縦断自転車四、六〇〇キロの旅

第一章　イタリア　ローマからナポリへ

六月十八日　ローマ

朝五時、テルミニ駅そばの安ホテルの室内はまだ暗い。辺りを石畳とコンクリートの建物に囲まれているこ ともあって、通りに面した一階の部屋には、周りを乱暴に走り回る車の音が鳴り響く。

昨夜遅く、空港からの電車でテルミニ駅に着く。飛行機の中でミネラルウォーターを飲みだしたとたんに腹具合がおかしくなって、気が気でないまま、なんとかテルミニ駅に着いてほっとする。

しかし、それからが大変。予約していたホテルを探して、駅のそばの安宿の密集した辺りを歩き回るが、見つからない。

暗闇の中に古ぼけた建物が無愛想に並んでいるだけでホテルの看板らしきものが見当たらない。

通りを何度も行き来した後、探すのをあきらめて、明かりのある方に向かう。小さなホテルがあったので、さっそくそこのフロントでホテルの住所を書いたメモを見せながら場所を尋ねる。

●6/18 ローマ
●6/21 アンツィオ
●6/22 ガエータ
●6/23 ポッツオーリ
●6/24 ナポリ
ROMA
Vaticano
Ostia
Albano Laziale
Velletri
Latina
Anzio
Terracina
Gaeta
Formia
Abbazia di Montecassino
Cassino
Frosinone
Fiuggi
Sora
Avezzano
L'Aquila
Sulmona
Chieti
Vasto
Termoli
San Severo
Isernia
Campobasso
Benevento
Ariano Irpino
Caserta
Avellino
Pozzuoli
Pompei
Castellammare
Salerno
Amalfi
Sorrento
Ischia
Capri
Costa Amalfitana
Viterbo
Terni
Rieti
TYRRHENI

従業員は無言のまま玄関を出て、すぐ隣のビルのネームプレートを確認しながら「ここだよ」と指を差す。

暗がりで目を凝らすと、その建物がまさに目当てのホテルだった。雑居ビルの一角を借りて営業している素泊まり専門の宿らしい。

さっそくブザーを押してドアを開けてもらって中に入る。

「もう今日は来ないのかと思っていたわよ」と担当の若い女性が他人事みたいな言い方をする。「暗闇の中で明かりひとつない入り口を見つけるのは大変だよ」と文句の一つも言いたくなるが、真夜中になんとかホテルにたどり着いたので胸をなでおろす。

一夜明けると、まずやることは自転車の購入だ。日本から自転車を運ぶのが面倒なこともあって、ローマで自転車を買うことにしていたのだ。とにかく、自転車を入手しないことには旅行は始まらない。

今日は、取りあえず時間が空いている午前中、バチカンを見学し、その後は午後の開店時間に合わせて、自転車店に出向くことにする。

朝九時、ホテルを出て西のバチカンに向けて歩き始める。外はすでに恐るべき暑さ。灼熱の太陽が容赦なく照りつけ、それこそ目眩でも起こしそうになるほどの強烈さ。

裏通りの両側にずらりと止めてある車やバイクの間を縫うようにしながら通り抜け、表通りに出るとそこは車とバイクの洪水だ。切れ目なく、押し寄せてくる車とバイクのすさまじい騒音で町中がほとんどカオス状態。日本では見たことがないような荒っぽい運転に度肝を抜かれる。おまけに自転車に乗っている人がいない。そもそも自転車で走れるとはとても思えない。これで、本当にイタリアを自転車で旅行できるのかとさすがにあっけにとられる。これは困ったことになってしまったと頭を抱えながら、西に向かって歩き、スペイン広場を通って、バチカン美術館の辺りに到着。

入館を待つ人々の行列が延々と続いている。その後ろに並ぶとダフ屋や日傘、ミネラルウォーターの売り子が声をかけてくる。倒れる人がいてもおかしくないほどの炎天下に二時間も待たされて、やっと入館。

建物に入り、人の流れに合わせて歩きだすと廊下の天井や壁には壮麗な絵画が溢れ、両側には数えきれないほどの美術品の展示が延々と続く。とても短い時間では観きれるものではない。美術音痴のせいもあって少し食傷気味になりながら歩き続けた後、今度はサン・ピエトロ大聖堂の見物だ。薄暗い建物の中に入る。キリスト教の総本山だけあって、神の世界を表現するために注がれた信仰のエネルギーのすさまじさにはやはり圧倒される。

昼食を済ませ、ホテルの二キロほど北にある自転車店に向かう。方位磁石を頼りに歩きだす。途中で道に迷い、炎天下を歩き続けるうちに足がふらつき始める。途方に暮れながら、住宅街の辺りを歩いていると、突然、目の前に日章旗が目に入ってくる。

日本大使館だ。入り口の警備の男性に「日本人の旅行者ですけど、この近くのラザラッティという自転車店を探してるんだけど」と尋ねる。担当者はどうやら自転車が好きな人物らしく「ああ、ラザラッティか」と言いながら、プリントアウトした日本語表記の地図にサインペンで道順を書いて渡してくれる。

そこからしばらく歩き、大通りに出ると道路沿いにラザラッティがあった。そばのバールに入って、そこの主人とイタリア語の練習がてら、片言のイタリア語の会話を交わして時間をつぶした後、自転車店に向かう。インターネットで知ったラザラッティはローマではよく知られた自転車店らしいが、予想したよりも小さな店構え。おまけに店頭に展示してある自転車も少ない。これで果たして、好みの自転車が見つかるのか少し心配になってくる。

店員に日本から自転車の購入の件でメールを送っていたことを話すと、その店員はすべて了解済みだよといった表情でダンボール箱に入ったままの自転車を見せてくれる。

あらかじめ連絡していたタイプの自転車だ。値段は十六万円といささか高いが、今さら他の店を探し回る時間の余裕もない。二日後に店で引き取るということにして、試乗もしないで購入を決める。

これで気になっていた出発の準備も終わったので、後はローマ見物をするだけだ。

旅行前に少し気になっていたイタリア語も日本で数年勉強していたこともあって、簡単なやりとりぐらいはなんとかなりそうだ。それに、予想と違って、イタリア語で話しかけても英語が戻ってくることが多いので少し安心。

しかし、ローマの道路の混雑ぶりは予想をはるかに超えている。おまけに猛烈な暑さだ。考えだすと気が重くなってくるが、今さら引くに引けない。

六月十九日　ローマ

今日はコロッセオの見物だ。昨日のバチカン美術館では、炎天下で待たされたのに懲りて、朝七時過ぎにはホテルを出て、地下鉄でコロッセオに行くことにする。

テルミニ駅で切符を買って改札口に入ると、間違えてコロッセオとは反対方向のホームだ。あわててそこを出て、コロッセオ方向の改札口で雑談していた二人組の駅員に事情を話して、改札口の脇から中に入って、歩き始める。ところが、そのとたんに壁に寄りかかって雑談していた駅員から呼び止められる。

スキンヘッドで巨漢の駅員が近づいてきて「お前、どこから入ったんだ」と詰問される。あわてて、事情を話すと「違反したら罰金は一〇〇ユーロだからな。いいか、わかったか」恫喝するような口ぶりながらもなんとか解放される。しかし、ラッシュアワーの最中でも仕事そっちのけで雑談している駅員ばかり。ローマの街を歩いていても昼間からなにをしているのかわからないような遊び人風の姿が目立つ。イタリア人にはとにかく万事いい加減な人たちというイメージしかないのだが、その反面、電車に乗る際にも、設置してある機械を使って、自分でいちいち切符にスタンプを押さないと高額の罰金を払わされたりする。ルールの遵守という点では結構厳しい所がある国らしい。

駅を降りるとコロッセオが見える。五〇メートルほどの高さの外周壁に囲まれた闘技場の中に入る。

観衆の前で剣闘士が猛獣と戦った時代が巨大な痕跡となって眼前に横たわっている。観ているうちに時間の感覚が少しおかしくなったような不思議な気分になってしまう。

その後は、すぐ隣のフォロロマーノの見物だ。発掘作業が進められているそばを通り過ぎて、中を歩いて回るが、広すぎてとても観きれない。炎天下に歩き回ったので途中でダウンして、日陰で休憩。

見学が終わるとホテルに戻り、食塩をなめながら、ミネラルウォーターを飲む。途中で入ったバールのテーブルから失敬してきたやつだ。もともと大変な汗かきなので、スポーツ飲料が欲しいのだが、こちらではあまり見かけないこともあって、食塩で代用するしかない。

六月二十日　ローマ

朝八時、自転車を引き取るためにラザラッティに向かう。裏通りに並んでいる露店をひやかしながら歩く。

自転車店が開くまで、前回も立ち寄ったバールで待つことにして、カウンターの前のテーブル席に坐る。小さな店だが、常連たちが入れ替わり立ち替わりでやって来てはカウンターの前で主人と言葉を交わし始める。いかにも気安い同士みたいで、バールの主人は町のちょっとした相談相手にもなっているらしい。

主人がコーヒー漉しを裏返しにして、二、三度叩いてコーヒー滓を捨て、それにコーヒーの粉を充填し、アルミ製の型で押し固め、最後にコーヒーマシンの蒸気でコーヒーを一気に抽出する。これらの音にイタリア語の抑揚のある話し声が入り混じって、狭い店内に充満する。

主人が小さなコーヒーカップにコーヒーを注いで客に出すと客はカップにたっぷりと砂糖を入れてほんの数口で飲み干し、さっと姿を消す。目の前でその鮮やかな光景が次から次へと繰り返される。

ラザラッティに向かい、自転車を受け取る。これでなんとか旅の出発準備は完了だ。ローマからどうやって抜け出すかずっと気になっていたので店員にナポリまでの道順を尋ねる。「クリストフォロ・コロンボ通りに出て、海岸のオスティアに向かい、あとはそこから海岸沿いに南下すればいいよ」当面の道順がわかったので一安心。

自転車に乗ってホテルまで帰る。試乗もしないで購入を決めるという少し無茶なことをしてしまったが、軽くて体にもぴったりだ。

部屋に持ち込んだ自転車にバッグやライトなどの装備を取り付ける。後輪両側の自転車用バッグには衣類や自転車の修理用具を詰め込み、カメラや地図、現金やパスポートなどの貴重品はザックの中だ。これで準備は完了。あとは明日からの旅行に備えて、ゆっくり過ごすことにする。

購入した自転車を持つラザラッティの担当者

ホテルの従業員は色白の若い女性ひとりだけだ。英語の発音が舌を巻くほどの上手さ。

「ルーマニア出身だけど英語は独学で勉強したのよ」と自慢げだ。

「ルーマニアは、以前、自転車で旅行してみようと計画したことがあるんだよ。やたら野犬が多いらしいので止めにしたけど」

「そう、大きい犬がいっぱいいるよ。おとなしいけどね。でも、時々、自転車に乗っている人が襲われてるよ」やっぱりルーマニアは避けて正解だった。

ローマの道路事情を考えると車で混雑する時間帯を避けるため、朝早く市の中心部から抜け出さなければならない。おまけに朝も八時を過ぎると猛暑になってしまうので、朝五時に宿を出発することに決める。とにかく、いろいろ考えだすと不安に襲われて気が滅入ってくるが、もうこうなったら覚悟を決めるしかない。

これからは、ローマからナポリまで走って、そこからフェリーでシチリア島に行くことにしているが、その後はどう走るかまだ決めていない。取りあえず、しばらく走ってみないことには様子がわからない。

六月二十一日　ローマ～アンツィオ

走行距離　八一・八キロ

出発前の緊張でほとんど眠れないままに一夜を過ごし、朝五時に起きる。

睡眠不足はスタミナにも影響するので体調は万全とはいえないが、交通地獄だけは避けなければならない。そう考えるとゆっくりはしていられない。暑さ対策のために水で濡らした帽子をかぶり、自転車を押して真っ暗な廊下を通ってホテルの外に出る。外はまだ真っ暗だ。ライトをつけた車が走っているが、まだ数は少ない。テルミニ駅の前を走ると歩道には毛布をかぶって寝ている大勢のホームレスたちの姿。

一刻でも早く、町の中心から抜け出そうと焦りながらひたすら南に向かう。しばらく走って、郊外に出たころ、バールでカプチーノにサンドイッチの朝食。

そのうち次第に道路も広くなってきて、気がつくとエウルだ。ムッソリーニの命令で建設が始められた新都心で官庁や企業の本社などが集中している地域だ。この辺りになると緑も多くなり、ローマの喧騒が嘘みたいに思えてくる。

松並木の街道をひたすら海岸に向う

見上げるほどの巨大な松並木が続き、赤やピンクの色も鮮やかな夾竹桃の花が咲き誇っている。順調に走り続け、オスティアに着く。ティレニア海に面した町で古代ローマ時代にはローマの外港として繁栄した所だ。必死で走ったこともあって、いつの間にか四〇キロほども走っていた。海岸の展望台でしばらく休息。

ローマの道路を目にしてずっと不安だったのでローマの郊外の広々とした田園風景を眼前にして、少し安心する。

海岸沿いに南に向かって走る。至る所に海水浴場があり、一帯がリゾート地になっているらしい。この辺りになるとロードレーサーに乗った人たちの姿も見かけるようになった。

午後一時ごろ、アンツィオという町に着く。閑散とした、小さな町だ。あまりの暑さと寝不足もあって、宿を探すことにする。町の広場で子供連れの中年男性がいたのでホテルの場所を尋ねる。歩きながら話すと「漁師なんだよ。この町には漁港があるからね」とのこと。

「知っているホテルがそばにあるから連れていってあげるよ」

後をついて行くと海のそばにアルベルゴがある。アルベルゴは料金が少し高めのホテルになるので、少し躊躇しながら「安宿でいいんだけど」と言うと「俺の顔で安くさせるから気にするな」と言われて、フロントで料金を尋ねると三〇ユーロ。さっそくここに決める。

家族でやっているようなこじんまりした宿だ。一階のレストランでレモンで造られた酒、レモンチェッロを飲みながらサルティン・ボッカの夕食。レモンの酸味のあるやたらに甘い酒が疲労感を癒してくれる。

とにかく、今日は寝不足の上に交通混雑に巻き込まれるのを心配しながら夢中で走ってきたこともあって、疲れがひどい。夕食の後は明日のルートを考えながら早めに休む。

六月二十二日　アンツィオ〜ガエータ

走行距離　一〇七・四キロ　累計　一八九・二キロ

夜中に目が覚める。まだ時差ぼけが残っているようだ。目がさえているので、このまま夜明けを待っても時間がもったいない。まだ朝の四時すぎだが、気温が上がる前に少しでも走っておきたいので出発することに決める。水で濡らした帽子をかぶって、暗闇の中を走り始める。

周囲の様子が少し異様な感じがする。白い雲みたいなものが周りの地表を覆っている。まるで白い綿が地面に降り積もっているかのようだ。辺り一帯に霧が広がっている。幻想的な雰囲気の中を走り続けると日が昇るにつれて次第に霧も消えていった。

そのうち灼熱の太陽が顔を出し始める。山々は所々に潅木が生えている程度で赤茶けた地肌を露出させているのがいかにも地中海の風景だ。遠くを眺めると白く霞がかかっている。テッラチーナを過ぎて、いくつかのトンネルを通ると、次第に上りがきつくなる。これに猛烈な暑さが加わって耐えられないほどのつらさ。もうこうなったら自転車を降りて、押して歩くしかない。

熱中症が怖いので、バールを見つけるたびに飛び込んではジュースを飲んで、体を冷やす。暑さにやられてしまって、食欲がない。食事をする気にもなれないのでクッキーを口に詰め込むだけ。

午後三時すぎにガエータに着く。ここも小さなリゾートらしい町だ。走る気をなくして、バールで教わったホテルに行く。こぎれいで洒落た、いかにもリゾート地のホテルだ。フロントで主人夫婦と話をしているうちに宿泊代を四〇ユーロにまけてくれたのでさっそく泊まることにする。二人ともイタリアでよく見かけるような顔立ちとは少し違って、色白で上品な感じのする夫婦だ。

「遠くを見ると少し霞んでいるけど、シロッコが吹いてるんですか?」

イタリアにはいくつか季節風がある。いちばん知られているのがシロッコだ。初夏などにサハラ砂漠から吹きつけてくる。細かい砂塵が混ざり、地中海を渡るときに湿度を含んでくるのでイタリア南部では嫌われものの風だ。旅を始める前に気がかりだったのがこのシロッコだ。ローマから南に走る場合、シロッコが逆風になるからだ。やっかいなことにこの風はいつ吹くのか予測しにくい風らしい。

「いや、シロッコじゃないよ。湿度が高いせいだよ。だからこちらでは写真を撮るのも秋がいいんだよ」

今朝、地面を覆い隠すような深い霧を見たことを思い出す。よほど湿度が高い所らしい。

食欲がないのでレストランで食事をする気になれない。仕方なく、スーパーのハム売り場で大き目のパンにサラミを挟んだものを作ってもらう。優に二人前もある大きさにびっくり。これにトマト一パックで夕食とする。

六月二十三日　ガエータ～ポッツオーリ

走行距離　八七・六キロ　　累計　二七六・八キロ

暑さを避けるため今朝も五時に出発する。しばらく走っていると道路脇がガードレールになってしまい、外側と遮断された状態になる。いつの間にか、高速道路に入ってしまったらしい。熱中症を避けるためには、頻繁に休憩しなければならない。しかし、これでは止まって休む場所がない。街路樹もないので強烈な日差しにさらされながら走り続ける。周りは高速で走る車ばかりで冷や汗をかきっぱなし。

モンドラゴーネという町に入ると市街地を通ることになったので一安心。ところが、町を出ると道路はまた元の状態になる。途中でほうほうの体になって、横道に出て、そばにあったバールで道を教えてもらう。

ナポリに近づくにつれて道路脇には、ペットボトルや紙くずなどが散乱して無残な状態。ナポリのゴミ問題は知っていたものの、まさかこれほどのひどさとは思いもよらなかった。

すさまじいセミの合唱に包まれながら進むが、猛烈な暑さに加えて風が強い。おまけに坂道が多くなり、もううんざり。

昼すぎにポッツオーリに着く。ナポリ湾に面した港町でナポリの西側の町だ。疲れ果てて、ホテルを探すことにしてそばのバールで安宿を尋ねる。

「この辺りでは、ホテルは六〇ユーロくらいするよ」

「もう少し安い所はないの?」と困っていると、そばで聞いていた四十歳くらいの女性が「自宅に来るなら、四〇ユーロで泊めてあげるよ」と言いだす。さすがにこの話には乗らなかったが、金をとって自宅に泊めるとはいかにもイタリア人らしい。

結局、近くを探し回って、ホテルを見つけて投宿。自転車旅行は、毎朝、ある程度行き先を決めて出発するのだが、天候や道路の状況、体の調子などで走る距離は大きく変わってしまう。今日のようにダウンしてしまうことも珍しくない。とにかく予定が立てられないので、あらかじめ宿を予約するのが難しい。自転車の旅はどうしても行き当たりばったりの旅になってしまうのは避けられない。

明日の目的地ナポリの安宿をネットカフェで調べることにして、インターネットのあるバールに行く。新しくて洒落た、結構大きな店だ。バールとはいうもののケーキ類を売っているので、もともとは菓子店のようだ。

「インターネットを使いたいんだけど」と店員に尋ねると「奥にあるから自由に使っていいよ」と言われて、さっそくパソコンの前に坐る。ところが、キーボードもサイトの表示もイタリア語なので操作の仕方がわからない。

「自転車旅行をしていてナポリの安宿を探しているんだけど」と店長らしい男性に話すと「ナポリにはユースホステルがあるからね。そこがいいよ。ユースを検索してやってよ」と若手の店員に頼んでくれる。「イタリアはすさまじい暑さだね」と話しながら、店長にポロシャツの左肩の袖をまくって、真っ赤に日焼けした跡を見せてやると目を丸くして笑いだす。アイスクリームを注文すると店長が「大盛りにしてやってよ」と若い女性の店員に頼んでくれる。コーンの上に三人前ほどもあるてんこ盛りになったアイスクリームをほお張りながらパソコンの前に戻ると、ユースホステルの場所をプリントアウトしてくれる。ここの店員たちは、みな心が澄み切っていて、心優しい人たちばかりなので、まるで夢でも見ているような気分になる。

夜はまたこのバールに戻って、酒を飲んで過ごす。まずはグラッパ。イタリア人といえばワインばかり飲んでいるイメージがあるが、イタリア人が普段飲んでいる酒はグラッパが多いらしい。ワインを造るときに出るぶどうの搾りかすを蒸留した透明の酒だ。口に含んでみると、度数がやたらに強くて舌に刺さり、それほどうまい酒とは思えない。その後はアマーロ。これもレモンチェッロと同じ食後酒で少し苦味があるがやたらに甘い。まるで味醂でも飲んでいるようだ。

日本ではもともと飲用とされていた味醂が今では調味料としての役割しか果たしてないことを考えるとイタリア人の甘いもの好きは体質的なものらしい。

六月二十四日　ポッツオーリ〜ナポリ

走行距離　一四・三キロ　　累計　二九一・一キロ

今日はすぐ隣のナポリが目的地。昨日は上りがやたらきつかったが、ナポリはすぐそばなので気楽に出発。ところがすぐに上り坂となり、これが延々と続く。やはり山の多い地形のイタリアはそうやすやすと走らせてくれそうもない。それでも我慢しながら五、六キロ進むと急に下り坂になり、あっという間にナポリに到着。

さすがにイタリア南部の中心地で、歴史の表舞台で大きな役割を演じてきた町だけあって、道路が広くて、見事な町並み。ユースの場所を尋ね回って、地下鉄のメルジェリーナ駅の裏にあるユースにたどり着く。ナポリの西の高台のふもとにあるユースだ。相部屋が一泊一五ユーロ、個室が三〇ユーロだが、個室にする。まだ時差ぼけが解消していなかったせいか、疲れがどっと出てきて、そのままベッドで爆睡。

夕方になって、食事のため外出する。クラクションの音が鳴り響き、車やバイクが溢れている。ヘルメットもかぶらないでバイクに乗っている人もいる。道路の混雑ぶりはローマの上を行くすさまじさ。イタリアではオートバイが少なくてやたらにスクーターが多い。両足を外側に露出させるオートバイでは足元に突っ込んでくる車が危険すぎるためのように思える。

レストランが集中している広場の辺りを歩いていると突然日本語で話しかけられる。四十歳くらいのイタリア人だ。

「日本語はどこで覚えたの?」

「名古屋に七年ほど住んでたことがあって、故郷のナポリに戻ってきたんだよ。女房は日本人で、こちらで別にピザハウスをやってるよ」と流暢な日本語で自己紹介してくる。

まだ開店前だが、ここで食事することにしてテラス席に坐る。タクシー運転手の弟や小さな甥や姪なども加わって、一族総動員でやっている店で、いかにも家族の結束の強いイタリアらしい。

「イタリア人はあまり働くのが好きじゃないみたいだね?」とイタリアの印象を話す。

「本当にそうだよ。でも働かない連中は嫌だね」店の準備を忙しそうに取り仕切っているこの男性は相当の働き者だ。

「ところで、ナポリは本当に物騒な所だからね。気をつけてよ。この店だってちゃんとビデオカメラで監視してるんだから」と念を押すような言い方をしてくる。そういえば、ユースの出入りには監視員が常駐しているゲートを通ることになっているし、町中、至る所にビデオカメラで監視中の表示を見かける。

ピザ・マルゲリータ、スパゲッティ・ポモドーロ、コッツェ、ビールで夕食を済ませて、ユースに戻る。

夜、ラウンジではソファーに坐って、テレビでサッカーのヨーロッパ選手権を観戦している人たちでいっぱい。その後ろに坐って、ぼんやり画面を見ていると前方に日本の新聞を読んでいる男性がいるのに気づく。

「日本の方ですか？」とすぐ後ろから声をかける。六十過ぎに見える男性はこちらを振り返ってじろりと一瞥した後、無言のまま上体をソファーに沈めるようにして体を隠してしまう。よほどの人間嫌いらしい。なんだか変な人だなとあぜんとしながらソファーに戻る。ところが、しばらくすると今度はその男性が話しかけてくる。

話してみると結構話好きで、元は小学校の教員をしていた人だ。無類の旅好きでこの人の海外旅行の体験談などを聞いて過ごす。

ここにはもう一人日本人が泊まっている。ナポリ湾に浮かぶイスキア島で見習いのコックをしている三十歳くらいの青年だ。イタリアには料理修行のために一年半ほど滞在していて、休暇のたびにナポリに遊びに来ているらしい。

六月二十五日　ナポリ

シチリア島行きのフェリーのチケットを購入に向かう。朝、ユースから海のある方向に歩き、海岸沿いの公園の中を東に向かう。猛烈な暑さなので木陰を選び、時折、ベンチで休みながら歩く。大きな公園を二キロ近く歩くと目指す卵城が見えてくる。十二世紀にノルマン王朝によって小さな島の上に造られた、いかにも頑丈そうな石の要塞だ。海岸とは桟橋でつながれていて、ここを通って薄暗い建物の内部を見学。屋上に上がると眼前に港やナポリの町並みが広がり、遠くにはポンペイをのみ込んだヴェスヴィオ火山も見える。見終わって歩き出すとそこがサンタ・ルチア地区だ。サンタ・ルチアはもともと人の名前だが、ナポリの港の名称にもなっていて、ナポリ民謡のサンタ・ルチアはナポリ湾に面したこの波止場のことを歌ったものだ。さすがに有名な所だけあって海沿いに並ぶホテルなどの建物の立派なこと。古くて、いかめしくて見事としかいいようがない。

さらに歩き、売り場で四六ユーロを払ってチケットを購入。明後日の出発だ。

埠頭のそばを歩いていると「中国人か?」と日陰に坐っていた中年男性から声をかけられる。

「いや、日本人だよ。イタリアを自転車で旅していて、これからシチリア島に行くんだ」

「シチリアはアップダウンが激しいからな。自転車だとどうかね」と首をかしげながら答えてくる。どうも自転車では少し大変そうな地形らしい。これを聞いて少しショックを受ける。しかし、ここまできたらチャレンジするしかない。

町並みのある北に向かって、しばらく歩き続けていると、突然、どこかで見たような、懐かしい風景が眼前に飛び込んでくる。古ぼけた建物がびっしりと並ぶナポリの下町に足を踏み入れたのだ。建物で閉ざされた空間の至る所に洗濯物がぶら下がり、サッカー応援のためのイタリア国旗がひるがえり、周りの生活音が反響し続ける。混乱と過密。狭い石畳の迷路のような通路をバイクや車が突進してくる。建物の造り出す影の中ですべてが腐食し、褪色し、暗色に塗りたくられた世界。そして影の上部には建物に切り取られた原色の青空が浮かぶ。

ローマから走ってくる途中、至る所で豪壮な邸宅を見かけた。そんなこともあってイタリアは結構豊かな国という印象を受けていたのでこの光景との落差にあらためて驚く。貧富の差は想像以上に激しい国だ。

ヴィメロ丘の上にあるサンテルモ城に向かうためケーブルカーの乗り場に入る。チケットの買い方がわからずに困っているとそばにいた三十代の女性がチケットを買って渡してくれ、ホームで見送ってくれる。旅先で親切な人に出会うことほどうれしいことはない。

修道院の辺りを通りすぎサンテルモ城に上る。そこからはナポリ湾を取り囲むようにして広がるナポリの町を眺める。見学を終えて、丘を下り始めるが、猛暑の中を歩き続けたこともあって、くたびれ果てる。

おなじみのナポリの下町風景

途中で道がわからなくなり、坐って話していたイタリア人の若い男女のグループに「Dove siamo（ここはどこ）？」と尋ねると笑われてしまう。

「丘を下りたいんだけど」

ひとりの女性が往復チケットの半券をくれる。皆やたらに親切な人たちだ。

ケーブルカーの終点で降りると港だ。歩くうちに気がつくと丘の上に向かっている。あわてて丘を下りる道を見つけてユースに戻った時にはもうくたくた。おまけに新しい靴にソックスもはかないで歩き続けたので足はマメだらけ。当分はまともに歩けそうもない。

六月二十六日　ナポリ

今日は電車でポンペイ見物に行くつもりだったのだが、足を痛めてしまったので歩けそうにもない。ポンペイ行きは断念して、ユースで一日休養することにする。

サレルノに向かう元先生と出発まで雑談して過ごす。旅行好きには好奇心の強い人が多いが、この人もすべて何事も自分の目でじかに確かめなければ気が済まないといったタイプだ。

「現役の時は、毎年夏休みは旅行ばかりしていて、リタイアした今も毎年数ヶ月ほどは海外旅行をしてるんですよ。だからもう貯金もほとんどないしね」いかにも暢気な生き方をしてきた人みたいだ。

「一度結婚して男の子がいたんだけど、四歳の時に女房が子供を連れて家を出て行ったきりで、その後は会ってないんですよ」

「子供さんに会いたいとは思わないんですか？」

ナポリ湾にそって広がるナポリの町

「会いたいという気にもならないし、今さら子供に会っても面倒だしね。自分の財産も残してやろうとも思わないですね」という言葉には絶句。

世の中は人さまざまだ。人間模様の一端を垣間見れるのも人を日常の重しから解き放つ旅の作用のせいなのかもしれない。

その後は料理修行中の男性と話をして過ごす。

「イタリアで働いても給料は安いし、勉強のための食べ歩きの出費も馬鹿にならないんですよ。おまけに就労ビザが取りにくいこともあって、語学学校に籍を置いているんですよ。学費の負担もあって、生活は結構大変ですよ」

「こちらに料理を学びに来て、どんな印象?」

「やはり、日本の料理の水準は高いと感じましたね。値段と質を考えたら、すごいとしかいいようがないですね。牛丼があの値段で食べられるなんて他の国では考えられないしね」

「イタリア人と一緒に働いてみて、連中はどんな人たちだと感じてる?」

「いや、正直いって、イタリア人は好きになれないですね。ずるはするし、嘘はつくし、日本人みたいに裏表なく働くような人たちじゃないですよ。とくにナポリ人はイタリアでもすごく嫌われていてね。料理のチームを組む時でもナポリ人が仲間に入るのを皆嫌がりますからね」

この青年の話が、どこまで一般化できるものかはわからないが、もともと自分もイタリア人にはいい印象は持っていなかった。日本で活躍している、あるイタリア人男性タレントから受けるイメージそのものだった。少し失礼な言い方になってしまうが、女と見ればすぐ声をかけてきそうな、口の達者なお調子者というイメージだ。実際こちらに来ても、その印象に大きな違いがあるとも思えない。それでも一方では、ポッツオーリのバールの店員たちのように日本でもあまり見かけないような純粋そのものの印象を残す人たちもいる。

イタリアは統一から、まだ二百年もたっていない国だが、それまではまるでモザイクのように国々が細かく分かれて対立してきた長い歴史がある。少なくとも対内的にはそれぞれの地域の個性が表に出すぎて、イタリアという国家の存在感が希薄になっていることもあって、イタリア人としての一体感が乏しいらしい。とくに北部と南部の対立は深刻だ。もともと北部と南部は別の民族という意識が強いことに加えて、貧しい南部のために北部が経済的に収奪されているという反発も激しいらしい。

そんなこともあって、イタリアは、国は統一されたものの人々の風貌や気質も同化されないままで、異質なタイプの人たちが混在したままという印象がする。

外出して、トラットリーアでリゾット、パンに野菜サラダを挟んだもので昼食。しかし、うまくない。そばのイタリア人は出来合いのピザの切り売りを食べているが、見ていてもいかにもまずそうな感じがする。イタリア人は食べることに命をかけている人たちというイメージがあったので、意外に質素な食事をしていることに驚く。

夜もスパゲッティ・ポモドーロを食べるが、これまたうまくない。イタリアの食べ物で印象に残ったのは今のところスーパーで作ってもらうサラミ入りのパンが大きくて安いことだけだ。

六月二十七日　ナポリ（船内泊）

走行距離　五・八キロ　　累計　二九六・九キロ

いよいよ、今日はシチリア島に向かう日だ。午後八時の出港なのでそれまでの時間をどうやって過ごそうかと頭を悩ませる。足を痛めている上に荷物を載せた自転車で市内観光をするのも盗難のおそれがあるので避けた方が良さそうだ。とにかくイタリア南部では行動には万全の注意を払うにこしたことはない。

そこでチェックアウトした後もしばらくラウンジのソファーで時間をつぶし、乗船開始時刻に合わせてフェリー乗り場に向かう。

停泊しているフェリーはまさに壮観。乗客の列に並び、これから乗るフェリーを見上げるとその巨大さには圧倒される。白と青のツートンカラーのまさに海にそびえ立つホテルだ。

乗客の中に日本人らしい中年の夫婦がいたので立ち話。

「旅行中、知り合った日本人にシチリアで引ったくりにあった人がいましたよ。結構、物騒なところみたいですね」と言われて気が引き締まる。

フェリーの乗降口のそばに数人の警官が目を光らせているところなどはいかにもシチリア行きらしい。

いよいよ乗船開始だ。大型トレーラーなどと一緒に船体の開口部から自転車を押しながら中へ入っていく。壁際に自転車を立てかけて、上層部へ移動する。内部はいくつもの階層に分かれていて、その最上階のラウンジが自分の居場所だ。広々としたラウンジには売店やバールがあって、いくつものソファーが並んでいる。ソファーに荷物を置いて、さっそく船内見学。レストラン、ゲームコーナー、読書室など立派な娯楽施設が一通りそろっていて、まるで豪華客船だ。さすがは観光大国と感心。

デッキの上で出港の様子を眺める。暮れなずんでいくナポリの町が徐々に遠ざかっていき、やがて白い航跡の先に町の灯だけを残してナポリが消えていく。

ラウンジに戻るとテレビの前にはサッカーのヨーロッパ選手権を観戦する人たちでいっぱい。みな中年だが、歓声を上げながら試合に熱狂している様子はやはり日本人とはだいぶ様子が違う。中継を見ているうちにいつの間にかソファーの上で眠り込んでしまう。

第二章　イタリア　炎熱のシチリア

六月二十八日（船内泊）　パレルモ

走行距離　一八・八キロ　　累計　三一五・七キロ

冷房がきついので夜中に何度も目を覚ます。五時ごろ、周りで声がし出したので起きる。デッキに出てみると震え上がるほどの寒さ。暗闇を通して眺める空は曇り空だ。フェリーの進む前方に細い光の線がつらなっている。シチリアの海沿いの町の灯だ。その上にぼんやりと白っぽい山々が横たわっている。空が明るんでくるにつれて、山々が所々濃い緑の樹木に覆われた褐色の地肌を見せ始める。しかし、全島すべてを山のかたまりが覆い尽くし、平地らしきものがまったく見当たらない。この様子では自転車で走るのはとても無理だ。意気込んで乗り込んできたものの出鼻をくじかれた感じでさすがに気が重くなる。

一時間ほどすると島の姿がさらに大きくなり、いよいよ下船開始だ。若い女性の係員に「自転車の

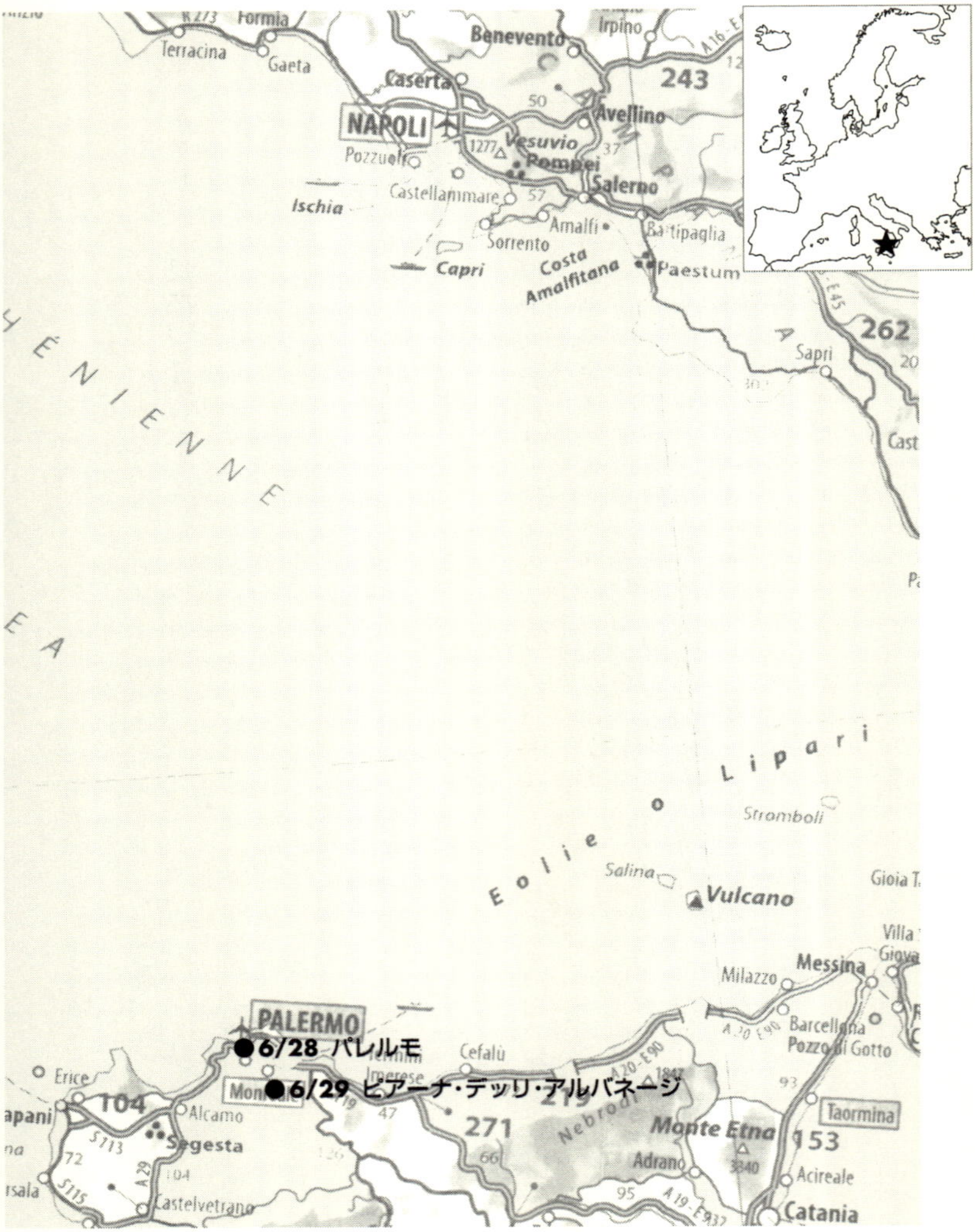
Formia
Terracina
Gaeta
Benevento
Irpino
243
Caserta
NAPOLI
Avellino
Vesuvio
1277
Pozzuoli
Pompei
Salerno
Ischia
Castellammare
Amalfi
Sorrento
Battipaglia
Capri
Costa Amalfitana
Paestum
262
Sapri
Eolie o Lipari
Stromboli
Salina
Vulcano
Milazzo
Messina
Barcellona Pozzo di Gotto
PALERMO
●6/28 パレルモ
Cefalù
Erice
104
Monreale
●6/29 ピアーナ・デッリ・アルバネージ
Alcamo
271
Taormina
Segesta
Monte Etna
153
Adrano
Acireale
Castelvetrano
Catania

置いてある車両甲板に行きたいんだけど」と尋ねると女性は黙って目の前の扉を指差す。

扉を開けて中へ入ると下りのエスカレーターがある。それに乗って下まで降りて、そこにあった扉を開こうとするが開かない。別の扉を開けるとそこには下りのエスカレーターしかない。これはまずいと元の位置に戻ろうとするが、エスカレーターが下り専用なので上には戻れない。二つのエスカレーターの間の踊り場に閉じ込められた状態になったので、さすがにあわてる。「Scusi, scusi（すみません）！」と叫びながら扉を叩き続けるが応答がない。青ざめながら、なおも扉を叩き続け、ふと振り返ると踊り場にボタンらしいものがあるのに気づく。ボタンを押すとエスカレーターが停止したのでほっと胸をなでおろしながら駆け上がる。

今度は他の乗客と一緒に階段を降り、車両甲板に向かう。車がもう上陸し始めている。車両甲板の中を自転車を探して回るが、自転車が見つからない。あわてて係員に尋ねるとエレベーターで下の階に連れていってくれる。その階を探すと壁に立てかけた自転車があるのを見つけて一安心。さっそく自転車に荷物を載せ、自転車を押してフェリーを下船。

港の入り口に警備員の詰め所があったので、ユースの場所を尋ねると「一〇キロほど先の山の中だよ」と言われ、一挙に走る気をなくしてしまう。なにせ、山が海岸まで迫っている地形では自転車では歯が立ちそうもない。「近くの安いホテルを紹介してよ」と頼み込むと、近くのホテルの住所を教えてくれたので、さっそく出発。港の前の広い道路をしばらく進み、海側に向かって曲がると、下町らしい様子になる。露店が所狭しと密集している辺りを間を縫うようにして進む。人通りがとぎれた辺りに目指すホテルがあった。

結構きれいな部屋で一泊三〇ユーロ。荷物を置いて、さっそく自転車で出かける。

まずは露店の見物だ。桃、サクランボ、スイカなどが溢れんばかり。果物も野菜も色や形が変わっていて、中には正体不明のものが混じっているのがやはり異国らしい。魚屋では、イワシ、サバ、マグロ、ボラの他にイカやタコが売られているのがいかにもイタリアだ。ウツボやアンコウまで並べてあるのにはさすがに驚く。

露店の間を通り抜け、町の中心部に向かう。公園のガジュマルに似た鮮やかな緑色の樹木はいかにも南国のものだ。パレルモは南の島らしく開放感に溢れた印象の町だ。

リベルタ通りを脇に入り、街路樹に囲まれた一角を通りかかるとテラス席に大勢の客が坐っているレストランを見つける。さっそくこの店に入って、スパッゲッティ・ポモドーロを注文。これが絶品。イタリアに来て、食べることにはずっと失望させられてきたが、ここは別格。パンもうまい。

ノルマン王朝の築いた王宮に入る。その内部にあるパラティーナ礼拝堂の黄金色のモザイクの精緻さ、華麗さは見ているだけでため息がもれてくる。

メインストリートが交差する四つ角にはクアットロ・カンティと呼ばれる石像がある。三階建ての壁面に三体づつ配置されている彫像の写実的な技法の見事なこと。

その後は、パレルモではよく知られた自転車街に行く。狭い通りの両側に古ぼけた小さな自転車店が二十軒近く並んでいて、店の前の壁や店内には、ずらりと自転車が吊るされている。イタリア製の自転車は世界的にも有名だが、意外なことに町中では自転車店はあまり見かけない。それに自転車に乗っている人も多くはない。

しかし、郊外に出るとヘルメットにユニフォーム姿の自転車愛好家たちがロードレーサーで走っている姿はおなじみの光景だ。こちらでは自転車は実用のためというよりもスポーツ用としての性格が強いらしい。

見物を終えるとホテルに戻り、隣の食料品店でミネラルウォーターなどを購入したりして、明日の準備に取りかかる。

ここの主人とは宿に来てすぐに会話を交わしていることもあって、顔を合わせるたびに「ジャッポーネ！」と呼びかけて、「アチャー！」と叫びながらカンフーの真似をしたりする。ここの主人には日本人も中国人も同じように写っているらしい。

明日のアグリジェントへの旅のことを話していると近所の人も加わってくる。シチリアは島ということもあって人間関係が密なせいか、みな陽気できさくだ。あれやこれやアドバイスしてくれるのがうれしい。

シチリアは九州の半分ほどの広さの島でシチリアの州都パレルモは島の北に位置し、南岸の古代遺跡で有名なアグリジェントまでは百数十キロほどの距離がある。そこまで行くには島を縦断する形になる。しかし、なにせシチリアは全体が山で覆われているので、それほど簡単な旅とは思われない。旅もこれから先を控えていて、シチリア滞在も日数が限られている。長い時間をかけるわけにはいかないので頭が痛い。

アグリジェントまでは百二十一号線という幹線道路があるのだが、車が多いので自転車で走るのは避けた方が良さそうだ。

経路のことで頭を悩ませながらホテルに戻り、フロントの三十代の女性に「アグリジェントまで自転車で行きたいんだけど」と相談してみる。

「知り合いに自転車好きな人がいるので聞いてあげるね」と言いながら目の前で電話をかけてくれる。ところが、話の内容がどうも芳しくなさそうだ。

「残念ながら、自転車は止めた方がいいとのことよ。危険すぎるらしいよ」

念のために別の一人にも電話してくれるが、「危険だから止めなさいだって」と同じ答えが戻ってくる。

「もしアグリジェントを走ってみたいのなら、取りあえず自転車を持って電車で行って、走ってみたらどうなの?」

しかし、簡単に引き下がるわけにはいかない。ここまで来たら、なんとか自転車でアグリジェントまで行けないものかと思案顔をしているとそれを察した女性はさらにもう一人の知人に電話してくれる。

しばらく電話で相談してくれた後、「比較的安全な道路で行けるようにルートを調べて、メールで送ってくれるそうよ」と言われて一安心。

旅行の前に、インターネットや書籍などで一応イタリアのサイクリング事情は調べていたのだが、わかったのは各地のサイクリングの名所くらいなものでイタリアを縦断したりする経路の情報は入手できないままに終わった。とにかく無知同様の状態でイタリアに来たので、こんな事態になっても自業自得といえないこともない。しかし、前途の困難な様子がわかるにつれて、さすがにショックを受ける。

しばらくして、メールを受け取る。大きな道路を避け、山の中の小さな道路を走るルートで途中で立ち寄る町は景色のいい所ばかりらしい。アグリジェントまでの距離はそれほど気になるほどではないが、問題は山の中を走ることだ。当然坂道ばかりになる。途中の町に宿があるかどうかもわからない。不安だらけだが、こうなったらやってみるしかない。

六月二十九日　パレルモ〜ピアーナ・デッリ・アルバネージ

走行距離　四一・七キロ　累計　三五八・四キロ

昨夜はサッカーのヨーロッパ選手権の準決勝でイタリアが勝ったこともあって町中が沸き返り、一晩中歓声が絶えず、眠れないまま朝を迎える。じっとしていても仕方がないので、まだ暗い五時に出発。

海とは反対方向の山側に向かって進み始めるが、真っ暗闇で道がわからない。道を尋ねようにも歩いている人がいない。なんとか見当をつけながら長い坂道を上っていると足元の様子がおかしい。左のペダルの調子が悪い。そのうちペダルが外れそうになってしまう。ペダルが壊れている。もうこうなったら自分の手には負えない。旅行は取りあえず中止して自転車店で修理してもらうしかない。昨日行ったばかりの自転車街に行くことにして、町の中心に向かう。明るさが増してきたころ、広い公園のそばを通りかかると中高年のサイクリストのグループがいるのに気づく。地元のサイクリングのグループらしい。皆ヘルメットにユニフォーム姿の本格的なサイクリストたちだ。

「ペダルが壊れたんだけど、どこかいい自転車店知りませんか?」と話しかける。さっそく教えてくれたのはやはり昨日行った自転車街の店だ。

ついでに「アグリジェントまで自転車で行きたいんだけど」と尋ねるとみんなで相談しあって「車が多いので危ないよ。止めた方がいいよ」とここでもやはり同じ答えが戻ってくる。

そこでホテルのフロントで教えてもらったルートを説明すると「そのルートだったら、なんとかいけるかな」との答えにほっとする。

お礼を言って自転車街に向かい、店で修理を頼む。ペダルの交換が終わったころ、先ほど店を教えてくれたサイクリストが姿を見せる。店員に安くするように頼んでくれたらしくて、代金は一〇ユーロ。そのサイクリストから「途中まで送ってあげるよ」としばらく先導されて、遅まきながらあらためて旅への出発だ。

町の中心から南西の山のある方向に向かって市街地の道路を上り続ける。ゆるやかな傾斜のある直線の道路だ。一〇キロほど走って着いた町がモンレアーレだ。パレルモを見下ろす丘の上の大聖堂で有名な所だが、先を急ぐので壮麗な大聖堂を外から見物するだけにして出発。すぐ先は谷間になっていて、かなりきつい下り坂。これを過ぎると今度は急な上り坂となる。行く手には山の斜面がそそり立つ。山が幾重にも重なり、うねりながら遠くまで延びている。茶褐色の山肌を露出させた山の斜面は、炎熱にさらされ、地中深くまで乾燥しきった岩と石と砂の巨大な塊となって眼前に横たわっている。

溢れるばかりの光の中で遠景がハレーションを起こしている。曲がりくねる道をひたすら自転車を押しながら進む。それでもかなりの高さの所までやってきたようだ。

自転車を押しながら歩いて進むが、坂の傾斜が急すぎて、荷物を積んだ自転車が重い。おまけに猛烈な日差しが皮膚に刺さり、汗が噴きだす。距離が伸びないので少し焦り気味になって進む。

アルトフォンテという集落に近づき、自動車修理工場の前を通りかかる。そこの従業員の若者に道を尋ねていると主人も顔を見せ、ミネラルウォーターのボトルを持ってきてくれる。五十歳くらいの人の良さそうな人物。

「アグリジェントまで自転車で行くつもりなんですが」

「アグリジェントまで行くって、そりゃ大変だよ。途中まで車で運んであげるよ」

「いや、有難いですけど、自転車で行くつもりなんで」

そのうち、主人の父親や近所に住んでいる友人も顔を見せて、話に加わってくる。

「アグリジェントまで自転車で行くのは大変だよ。途中まで車で運んでやるよ」と再び説得される。相当厳しいらしいが、もうここまで来た以上は今さら引き返せない。丁重にお礼を言って出発。

山道が続く。辺りには家も見かけなくなる。猛烈な日差しの中を進む。セミの鳴き声に包まれながら、時折日陰で休んでは水を飲み、体のほてりが少しでも収まったことを確認しながらまた進み始める。

炎天下で水がなくなったときほど怖いものはないが、ミネラルウォーターも最後の一本だけになってしまう。覚悟しながらそのボトルに手をつける。

午後五時を過ぎたころ、ようやく峠の頂上にたどり着き、下りが始まる。辺りには果樹園が多くなり、民家も見かけるようになった。坂を下りると町に入ったようだ。ピアーナ・デッリ・アルバネージという人口が六千人ほどの小さな町だ。この町は、十五世紀にバルカン半島に進出してきたオスマントルコに迫害されたギリシャ系のアルバニア人たちが逃れてきて、定住した所として知られている。

坂の途中でバールを見つけてミネラルウォーターを買うついでに、ホテルの場所を尋ねると「この町にはホテルは一軒しかないよ」と言われて少し焦る。さらに坂道を下ると町の中心だ。いくつかの商店が並んでいる通りを歩いていると六十歳くらいの警官を見つける。

さっそく「宿を探してるんですが」と話しかけると警官は「ついてきなさい」と案内してくれる。途中で通りがかった人たちが皆警官に親しげな挨拶を送ってくる。アルバニアからの難民が集まって作った、山の中の小さな町ということもあって、人間関係が濃密そのものらしい。警官は民家が立ち

親切にしてもらった自動車修理工場の主人たち

並んでいる一角に連れていってくれるが、あいにく目的の家の家主は不在。警官がその場で携帯電話で家主に連絡してくれる。

「二時間ほどしたら家主が戻ってくるから、それまで家の前で待っていてくれとのことだよ」と言い残して警官は去っていく。

家の前のベンチに坐って主人の帰りを待っていると前の民家の二階の窓から中年女性がなにやら合図をしている。タバコを吸う仕種をしている。タバコを欲しがっている様子だ。手を振って持ってないと合図すると顔をひっこめる。なんだか貧乏くさい国に来た感じがする。

一時間以上待ったころ、女主人が車で帰宅する。七十歳くらいのやせ型の女性だ。宿泊料を尋ねると四〇ユーロとのことで思ったほど安くはないが、他に宿がないのではここに泊まるしかない。

ところが、女主人は自転車持参ということを知ると「自転車は家の中には入れないでよ。家の外に置いて」ときつい言い方になる。

自転車旅行が盛んなヨーロッパではたとえ安ホテルでも自転車は屋内に持ち込むか、屋外の場合でも専用の自転車置き場があるのが普通なのでこれには困ってしまう。

「これを外に置いていて盗まれでもしたら旅行ができなくなるんで

屋外には置けませんよ」

「駄目だね。外に置いてよ」なんだかやたらに高拍子な姿勢にさすがにむっとして、ここに泊まるのは止めて他の町に移動しようかと考え始める。

女主人はその気配を察したのか、少し態度を和らげて「じゃあ、そばにある物置に預けてよ」と言いながら、その場所に連れていってくれる。

地域で共有しているらしい小さな物置でこれでなんとかいけそうだ。自転車を入れると、今日の宿を確保できたという思いでほっとする。

ホテルは民家の一室を利用した民宿みたいな所だ。部屋に荷物を置いて、さっそくそばの食料品店に食料の買出しに出かける。

ハム・ソーセージ売り場で、いかにもギリシャ系のような目鼻立ちのはっきりした、見とれてしまうほどの美人の店員に大型のパンにサラミを挟んだものを作ってもらう。今日の夕食と明日の弁当分だ。こちらには日本の弁当に相当するような食べ物は極端に少ない。せいぜいパンかサンドイッチくらいだ。しかし、毎日この暑さなのでサンドイッチではとても日持ちがしそうにない。だからサラミを挟んだパンは重宝する。

二人前はありそうなサラミ入りのパンで二ユーロ少々。

宿に帰って、女主人に公衆電話の場所を尋ねると「この町にはないよ」との答え。安否の確認の意味で毎週土曜日か日曜日には電話で日本に連絡することになっていたのでこれはショック。パソコンなどを持参して家族などと連絡をとりながら旅をするスタイルも多少は知っていたものの、この種のメカにやたらに弱いこともあって、公衆電話で連絡することにしていたのだ。

明日は一週間毎の連絡日の土曜日となる。

この調子ではこの先の町でも公衆電話があるとは思えない。このまま山の中を進むとすれば、公衆電話が使えるようになるには、アグリジェントに着いてからになるだろうが、そうなると日本と連絡が取れるようになるまであと一週間はかかりそうだ。二週間も音信不通のままでいるのは、やはりまずい。自転車を押しながら山道を進むことは我慢するにしても長期間連絡が途絶えたままでは周りに迷惑がかかるだけだ。いったい、どうすればいいのか考えがまとまらないままベッドに寝転ぶ。思案し続けるが答えが出ない。

六月三十日　ピアーナ・デッリ・アルバネージ〜パレルモ

走行距離　四〇・九キロ　累計　三九九・三キロ

昨夜から思案し続けていたせいか、朝早く目が覚める。いくら考えてもうまい方法が見つからない。旅もまだ先があるので、ここにこだわっているわけにもいかない。アグリジェント行きは断念して、パレルモに引返すことに決める。

女主人がコルネット、パン、カフェオーレの朝食を出してくれる。昨夜は女主人とは自転車の置き場所をめぐって、少しやりとりがあったので、あまりいい感じを持っていなかったのだが、食事しながら話をしてみると案外きさくそうだ。

「ほかに仕事してるんですか?」

「車であちこち回って保険の外交をやってるの」

「ここの住人はどんな仕事してるの?」

「農業かパレルモに働きにいってる人が多いね」

「ところで、なんでこんな山の中に住んでるの?」

「ここはね、標高が七二〇メートルもある所だから、冬には零下にもなるし、山の中だから物価も結構高いんだけど、都会の喧騒が嫌いでね」

地元への強い愛着は、イタリア人ならではだ。

朝食を終えるとさっそくパレルモに向かって出発。人通りのない道を進むと、すぐ町並みがなくなり、眼前には石や岩の散乱する荒野が広がり、その向こう側には白っぽい巨大な岩山が青空を背景に鋭い稜線を浮かび上がらせている。岩肌をむき出し、辺りを威圧するかのように、そびえ立つその姿は神々しささえ感じさせる。この見事な風景も、やせた土地、険しい地形、過酷な気候などシチリアの貧しさを代償にして与えられた恵み物だ。

昨日やって来た坂道を上る。太陽が肌に刺さり始める。しばらく走っていると道端になにやら散乱しているのが目に入る。黒と白のだんだら模様のある細長いもので一端が鋭いトゲになっている。ヤマアラシのトゲだ。イタリアにはヤマアラシが住んでいる。禁猟になっているのだが、肉が美味ということで高値で取引されていて、密猟が絶えないらしい。イタリアはいかにも南の国だ。

道端の草むらの中に鉄条網に囲まれた一軒の廃屋がひっそりとたたずんでいる。かつては農家として使われていたらしい。長い間、放置されたままになっているらしく、屋根は一部落ちていて、年月の経過を刻んだ石造りの壁が、最後の力をふりしぼってそれを支えている。激しい日射と寒さに耐えながら風化しかかっているその姿に見とれてしまい、その場を去るのがつらくなる。

町の郊外にそそり立つ岩山の荘厳な美しさ

山の中を進むと道路の片側には松林が続く。森林の整備をしている人たちが作業の手を休めては片手を挙げながら「ブオンジョルノ」と丁寧に挨拶をしてくる。皆人の良さそうな人たちばかりだ。

そのままやって来た道を戻り、アルトフォンテ辺りからモンレアーレを通らず、直にパレルモへ下りる道を走る。今度は長い下り坂になっているから、とにかく速い。あっという間にパレルモに着く。さっそく公衆電話を見つけて、日本に電話をして肩の荷をおろす。

泊まっていたホテルに戻り、今度は近くのフェリー乗り場でローマの近くの港チヴィタヴェッキア行きのチケットの購入だ。午後四時からの発売時間に合わせて売り場のそばで待つ。三十分遅れで窓口が開くが「パスポートがないと売れないよ」と言われる。ナポリで購入した際にはパスポートが要らなかったので、掛け合ってみるが、「パスポートがなければ売れないよ」の一点張り。窓口が開くのが三十分も遅れたりするなど、イタリアは万事いい加減なところがあるくせにやたらルールに厳しい面がある。仕方なく、宿までパスポートを取りに戻って、やっとチヴィタヴェッキア行きのチケットを購入。今度は個室で一三〇ユーロだ。

長ズボンでは、さすがに暑すぎて耐えられないので町に出て、短パンを購入。街角にはやたら警官の姿が目につく。制服も様々なところをみると警察部門もやたら複雑な機構になっているらしい。パレルモでは民間の警備員もピストルを所持しているくらいだからやはり治安は良くないようだ。日本人と違って、遠くまでよく通る声だからなのだろうか、町を歩いていると少し離れた相手と大げさな身ぶりをしながら、大声で話をしている男たちをよく見かける。そのたびにオペラを思い出してしまう。オペラはかれらの日常の動作そのものが基になっているように思える。

七月一日　パレルモ（船内泊）

走行距離　四・二キロ　　累計　四〇三・五キロ

今日は、フェリーの出航時間の夕方七時まで時間をつぶさなければならない。

午前十時にホテルを出発して、すぐ隣の食料品店の親父に別れの挨拶をする。いつもはこちらの姿を見かけるたびにひょうきんな仕草で笑わせてくれる人だが、この人は右手の先が先天的に欠損して

食料品店のカンフー親父

いる。そのせいで人知れぬ苦労をしてきたに違いないのだが、いつも明るさを欠かさない。

今日は最後ということもあってか、「シチリアでの日本車の人気はとにかくすごいよ」と真面目な顔をして誉めたりする。この親父ともいよいよこれでお別れだ。

町中のお気に入りのレストラン・スピナートに行って、シチリア風ビーフステーキとビールで昼食。その後は、アイスティーで時間を待つ。テラス席のそばにはハトがたくさんたむろしている。しかし、ハトたちの態度はどこかよそよそしくて、そばには寄ってこようとしない。ヨーロッパではハトにエサをやる習慣がないためらしい。人に相手にしてもらえないこともあってか、ハトたちも少し寂しそうだ。

時間に合わせて港に向かう。日陰で乗船を待っているとそばに日本人らしい女性がいたので話しかける。七十歳を越えているらしい福岡在住の人だ。一人旅とのこと。「以前、スペインを旅行中に男性に道を尋ねたら、建物の陰に連れ込まれ、首を絞められて気絶して、入院したことがあるのよ」

「そんな経験をしているのに一人旅は怖くないんですか?」

「なんともないよ。平気でいつも一人で旅をしていますよ。入院した時もスペイン側が費用を負担してくれたしね」と平然としたもの。やはり女性は強い。

フェリー乗り場の辺りには数名の警官が乗客たちに目を光らせている。

「怪しそうな人たちはみな身分証明書を提示させられたりしてるのよ」とその女性。以前は麻薬類の供給ルートはフランスのマルセイユが中心になっていたのだが、厳しい取締りで密輸組織が壊滅して、今はイタリアのマフィアが暗躍しているらしい。やはりマフィアの本拠地シチリアだけのことはある。

間もなく乗船開始。両側にベッドが置かれ、さらにその上にも開閉式のベッドのある四人部屋にひとりだけだ。

荷物を置いて、さっそくデッキに向かう。灰色にこげ茶色の混じったような山々を眺めながら、出港の様子を見守る。フェリーが動き出し、パレルモの港が次第に遠ざかっていくにつれて、アグリジエント行きの望みをかなえられなかったこともあって失意感が広がっていく。チヴィタヴェッキアからはいよいよイタリア半島の旅が始まる。決めているのは、旅行の期間が全部で三ヶ月、オランダのアムステルダムから空路帰国するということだけだ。

最初は、イタリアが気に入ればそのままイタリアを走り回って、その後は列車か飛行機でアムステルダムに向かうということも考えていたのだが、イタリアの地形が予想以上に厳しかったこともあってその意気込みもどこかへ消えてしまった。

とにかくイタリア半島はアペニン山脈が背骨のように走っているので、チヴィタヴェッキアからアッシージやペルージャなどの内陸部に向かうのは少し厳しすぎるようだ。取りあえず、チヴィタヴェッキアからは北のトスカーナ地方に向かうことにする。しかし、シチリアの体験がトラウマになっていて、これからまともに走れるのか不安だらけ。自分の見込みの甘さを反省させられる結果となってしまい、少しあった自信も消し飛んでしまって、もう運を天に任せるしかないような気分だ。

第三章　イタリア　半島横断

七月二日（船内泊）　チヴィタヴェッキア～マルタ

走行距離　六五・九キロ　　累計　四六九・四キロ

早朝、チヴィタヴェッキアの港に着く。埠頭がいっぱいらしく、フェリーはしばらく港の外で待機させられる。デッキから見える周りの山々はシチリアと違って緑に覆われ、なだらかな姿をしているので少しほっとする。鮮やかなダークブルーに染め上げられたティレニアの海が朝の光の中にきらめきながら、うごめき、ひしめきあっている。

下船間近になって降り口の辺りで待っている間、ミラノからバイク旅行に来ている三人組と立ち話。そのうちの二人のバイクは日本製とのこと。イタリア製は少量生産もあって、こちらでもかなり高価らしい。シチリアに向かうフェリーでも超大型の日本製バイクに乗ったドイツ人を見かけたので、やはり日本製のバイクはこちらでも人気があるようだ。

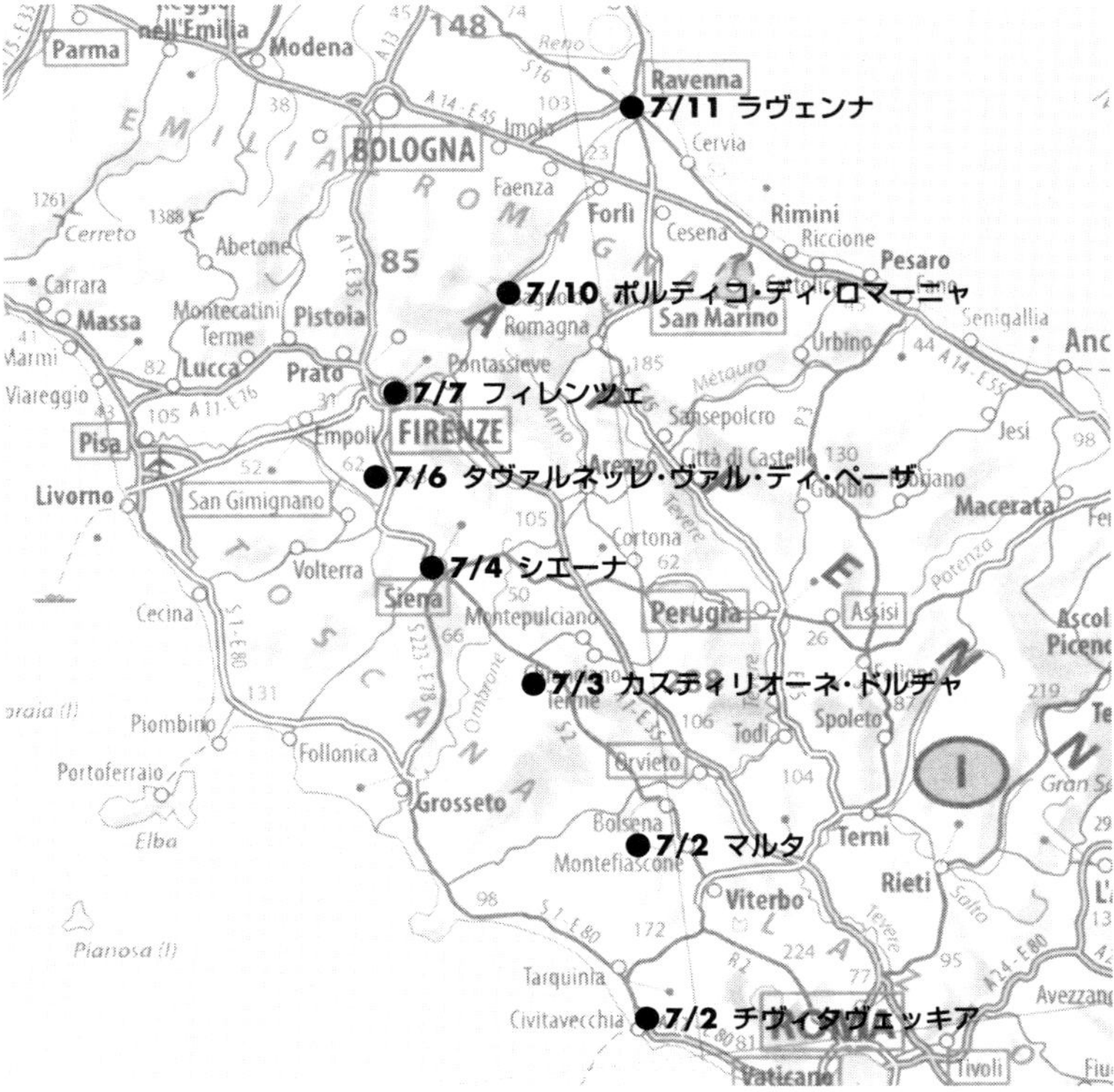

●7/11 ラヴェンナ
●7/10 ポルティコ・ディ・ロマーニャ
●7/7 フィレンツェ
●7/6 タヴァルネッレ・ヴァル・ディ・ペーザ
●7/4 シエーナ
●7/3 カスティリオーネ・ドルチャ
●7/2 マルタ
●7/2 チヴィタヴェッキア
Parma
Modena
Ravenna
BOLOGNA
Imola
Cervia
Faenza
Forlì
Rimini
Cesena
Riccione
Pesaro
San Marino
Cerreto
Abetone
Carrara
Massa
Montecatini Terme
Pistoia
Lucca
Prato
Viareggio
Pisa
Livorno
Empoli
FIRENZE
Pontassieve
Urbino
Senigallia
Sansepolcro
Jesi
Macerata
San Gimignano
Arezzo
Cortona
Volterra
Siena
Montepulciano
Perugia
Assisi
Cecina
Piombino
Todi
Spoleto
Follonica
Portoferraio
Orvieto
Grosseto
Elba
Bolsena
Terni
Montefiascone
Viterbo
Rieti
Pianosa (I)
Tarquinia
Civitavecchia
Tivoli

午前八時すぎに、いよいよ下船開始。自転車を押しながら下船したとたん、近づいてきた男性から「パスポートを見せて」と言われる。私服の胸に警察のバッジをつけている。

「怪しそうな人たちはみな身分証明書を提示させられているよ」乗船する時に聞かされた言葉を思い出し、少し不愉快になる。

チヴィタヴェッキアはローマから六〇キロほどの位置にある港町だが、いよいよここからイタリア半島を北に向かう旅が始まる。

しかし、シチリアでの失敗が尾を引いているせいで、これから先、果たして順調に走れるのか考えだすと不安に襲われる。当面の目標はトスカーナ地方のシエーナ、フィレンツェに定め、少し内陸に入った所を走ることにする。

安全を考えて小さい道を探して、二〇キロほど先のタルクイーニアに向けて走りだす。

食料品店でいつもの通り、パンにサラミを挟んだものを作ってもらい、ミネラルウォーター、バナナを購入。隣のバールでコルネット、ジュースで腹を満たす。

道路沿いの松やオリーブ、夾竹桃が目を和ませる。道路の辺りはナポリ周辺のようにゴミが散乱することもなく、同じ国とは思えないほどの清潔さ。道路は起伏もゆるやかなので走りやすい。

走っているとカラビニエリの表示のあるパトカーが止まっている。制服姿の男に道を尋ねる。黒の細身のズボンに赤い縦線が入った制服は伊達男といった風情でいかにもイタリアらしい。カラビニエリはヨーロッパに多い、治安維持の職務を担当している軍の組織だ。

警官から、どこから来たのとかどこへ行くの、仕事はなにとか、逆にあれこれ質問される。職務上の質問というより、自転車旅行に興味があるらしい。

「年はいくつよ?」

「当ててみて」

「四十五歳か五十歳くらいかな?」

これを聞いて、うれしさのあまり思わず反射的にうなずいてしまう。

タルクイーニアに着く。ローア帝国の初期に高い文明を誇ったエトルリア人たちの遺跡のある町だが、少し高台にあるので、そのまま通り過ぎる。

セミの鳴き声が周囲に広がる。日本のアブラゼミを少し単調にしたような、暑苦しい鳴き声だ。木の幹のちょうど人の手の届く位置に留まっていて、警戒心がない。捕まえてみると、四センチくらいの透明の羽をした細身のきれいなセミだ。

欧米人が虫の鳴き声に興味を示さないことは知られているが、こちらの子供たちには昆虫採集の習慣もないらしい。

日本人は、幼いころから季節の移り変わりとともに昆虫たちと戯れながら育っていく。虫たちの生涯を同じ目線で眺める体験がその死生観に影響を与えないはずはない。欧米人との本質的な違いを感じるのはこのような一端をかいま見る時だ。

コルク樫も見かける。植物が豊かに繁茂している様子は赤茶けた大地の広がるシチリアとはだいぶ様子が違う。

周囲には丘陵が幾重にも伸びている。丘の頂上辺りに樹木が生えているだけであとは黄金色の小麦畑が一面に広がる。今は収穫期らしく、一部は収穫が終わっていて、刈り取られた小麦の束が円筒状にまとめられ、丘の斜面にころがっている。小麦色に輝く、なだらかな丘の曲線がのどかな雰囲気を醸し出して、なんとも目に心地いい。

イタリアは山が多くてそれほど広い国ではないが、畑は日本に比べるとやたらに広い。そんなこともあって日本ではあまり見かけないような大型のトラクターやコンバインなどが普及している。それでも日本では見かけなくなった、小さな三輪車が活躍しているのが面白い。

畑では、散水機が大きな放物線を描きながら、空高く水を撒いている。

すべてを焼き焦がすような日差しと路面から湧き上がってくる輻射熱にさらされながら走り続ける。警戒しなければならないのは熱中症だ。気づかないうちに症状が進んでしまったら命にもかかわる。体温が上昇しすぎないように木陰を見つけては頻繁に休み、水分を摂る。体を少しでも冷やすためにミネラルウォーターを帽子や頭、ポロシャツを脱いだ上半身にも振りかける。だから猛暑の中ではボトルが何本あっても足りない。食料品店を見つけるたびに飛び込んでは冷えた飲み物を飲む。渇ききった喉元を冷たい液体が通り過ぎたとたんに顔面から汗が噴き出し、胸や背中を汗が流れ落ちる。至福の瞬間だ。

少し奥まった所に農家が散在しているくらいで道路沿いには家がない。店がないので食料や水の確保が大変だ。どんなことがあってもミネラルウォーターの大型ボトル一本は手元に残すようにしているのだが、今日も最後の一本に手をつけてしまった。

それでも、なんとかトゥスカーニアに着く。バールの前のベンチに坐り、隣の中年男性に道の様子などを尋ねたりしているうちに、こちらが日本人とわかると「息子がローマで日本語を専攻していてね。来年、日本に留学するんだよ。イタリアの高校では英語やフランス語が必須科目になっているけど、日本語も結構人気があって、勉強している生徒も多いよ」と話してくれる。

「やはり、イタリアは暑いですね」

「夏は暑いけど、この辺りも冬は寒いよ。雪が三十センチも四十センチも積もったりするからね」

まだ、体力が残っていそうなのでマルタに向かう。午後四時すぎ、ボルセーナという大きな湖の南岸にある小さな町マルタに着く。リゾート地らしい雰囲気の町だが、人影が少ない。

立ち話をしていた男性に安宿を尋ねると「すぐそこにアグリツリズモがあるから連れていってあげるよ」ということになってその男性にスクーターで先導してもらう。アグリツリズモは農家が副業に宿泊施設を運営している民宿でヨーロッパには結構多い。

広い庭に囲まれた家に着くと老婦人がにこやかに平屋の部屋に案内してくれる。部屋の前は一面野菜畑だ。

「ローマでペンションを経営していて、週末はここで過ごしてるのよ」ここには数人の老婦人たちが有機農法で野菜を育てながら、一緒に暮らしているとのこと。庭を歩いてみるといったいどうやって食べるのか戸惑ってしまうような奇妙な野菜が植わっているので見飽きることがない。

七月三日　マルタ～カスティリオーネ・ドルチャ

走行距離　六二・一キロ　累計　五三二一・五キロ

明け方、雨の音がする。様子が少し変なので耳を傾けているとスプリンクラーで水を撒いている音だ。庭を歩いてみると樹木や野菜などが水滴に包まれて朝の光の中で輝いている。その露も気温の上昇につれて、あっという間に消えてしまう。今日も朝から相変わらずの暑さだ。老婦人はズッキーニなどの野菜を摘み取っては手押し車の上に載せている。

庭に面したベランダに坐って、ミルクにクリスピー、もいだばかりのトマトやきゅうりに塩をつけて食べる。いかにも家庭菜園で育てた野菜らしく、曲がったり、ゆがんだりしているのが逆に新鮮な感じがする。

朝八時に出発。湖の西側を北に向けて走る。火口でできたカルデラ湖で対岸まで一〇キロほどもある大きな湖だ。北岸の辺りにはオリーブの林が広がる。人があまり足を踏み入れないらしくてなんとも寂しい感じがする。

山の中の緑に包まれた上り坂を進む。

イタリアは、溢れる日の光と澄みきった空と海の青さが印象的な国だが、きれいな小鳥のさえずりにも満ちている。無心に天上の音楽を奏でる小鳥たちの歌声に耳を澄ませていると、つくづくイタリアは芸術をはぐくむ土壌に恵まれた国だと感じる。

サンロレンツォ・ヌオーヴォへの上りがきつい。荷物を積んだ自転車を押し上げるようにして坂道を歩く。傾斜の厳しさに苦しみながら歩き続ける。あまりのつらさに、シチリアのように途中で旅を断念するかもしれないという思いが頭をよぎり始める。

そうするうち、民家が見え始める。サンロレンツォ・ヌオーヴォだ。この町を過ぎるとやっと下りになる。

アックアペンデンテまで進んで、さっそくスーパーのハム、ソーセージやチーズの売り場でパンにサラミを挟んでもらう。大きな包丁を使ったり、直径が三十センチもあるような特大ハムを抱えてスライスしている様子を見ているといかにも危なっかしい。力のいる仕事らしい。日本だったら、間違いなく男性の職場になるはずだが、こちらではほとんど女性の役割だ。

そして、いかにもこちらでは食の中心になっている食材の売り場らしく、花形職場になっているのだろうか、担当者には美人が目につく。

午後二時頃、ラッツォ州からトスカーナ州に入る。トスカーナには当面の目標のフィレンツェがある。

休憩を繰り返しながら進むので、走る時間よりも木陰で休んでいることの方が多いくらいだ。

午後四時すぎ、八九五メートルの長いトンネルに差し掛かる。壁際の狭い歩行者用の通路を自転車を押しながら歩く。車の轟音が響き渡る暗闇の中を進むのは、閉所に閉じ込められたような感じがして何度経験しても恐怖感に襲われる。用心しながらゆっくりと進み、出口に近づくにつれて前方が少しずつ明るさを増してくるとほっとする。

山の中の一本道を進んでいると道路脇に一軒ぽつんと建っているホテルが目に入ってくる。バールやレストランもある結構新しいホテルだ。

バールに入るとカウンターの中では頭の少し薄くなった、六十歳くらいのエプロン姿の男が客の相手をしている。このホテルに泊まることにする。他には従業員がいる気配がないので男に話しかけると彼がここの主人だ。男性に宿泊の手続きをしてもらって、部屋で休憩。

しばらくして夕食を摂りに行く。五十人ほどが坐れるようなレストランに入るとまたもや先ほどの男がエプロン姿で注文を取りにくる。朝からバールのカウンターで客の相手をして、夜はレストランの仕事で一日中働きづめらしい。

「ここでコックもやってるの?」あまりの働き者ぶりにびっくりして尋ねる。

「まさか、いくらなんでもそれはないよ」

「でも、一日中、働きっぱなしみたいだね。いったい睡眠時間はどれくらいなの?」

「三時間」主人はもう疲れ果ててしまったよと半ばベソをかきそうな表情になって答える。

「前は女房が仕事を手伝ってくれてたんだけど病気になってね、この始末さ。ホテルは夜中にも電話がかかってくるから夜もまともに眠れやしないよ」

「でも、こんな立派なホテルのオーナーだから大資産家だよね」

「いやいや、とんでもないよ。借金だらけでそんな状態じゃないよ」と強く首を振る。余分な従業員を使わないで自分一人で切り盛りしているらしく、内情は結構大変らしい。

「イタリア人は働かないというイメージがあったんだけど、例外もいるんだね」

「いや、本当にイタリア人働かないよ」と情けなさそうな顔をしてうなずく。

イタリアといっても怠け者ばかりではやはり社会がもつわけがない。この人みたいな働き者が随所にいることは間違いないようだ。

「シエーナのホテルでマネージャーを二十二年勤めた後、このホテルを始めたんだけどね」この話を聞いて、主人に明日向かうシエーナのホテルの予約をしてもらうことにする。

料理は、スパゲッティ・ポモドーロにポークソテーでどちらもうまい。スパゲッティは少し固めだ。こちらでは、パスタのゆで方はアルデンテが理想とされている。つまり少し芯が残るような茹で方だ。リゾットなども日本人には少し違和感があるような固さに調理されているところをみるとこちらではこの歯ごたえが好まれているらしい。

七月四日　カスティリオーネ・ドルチャ〜シエーナ

走行距離　六三・三キロ　　累計　五九四・八キロ

朝早く、バールに行くとカウンターの中で主人がひとりで朝食の準備をしている。「今日は二時間ほどしか寝てないよ」といかにも寝不足の顔でぼやく。これでよく倒れないものだと少し心配になってくる。

コルネットとカプチーノの朝食を済ませると、主人がシエーナのホテルに予約してくれる。ここの支払いは宿泊代に夕食、朝食込みで七〇ユーロでイタリアにしてはやたらに安い。

ホテルを出発すると延々と下りが続く。昨日は五〇〇メートルほどの高さまで上ってきていたらしい。坂道を下り始めると昨日の上りのつらさが思い出されてきて、疲れがぶり返してきそうになる。

そのうち周りを取り囲んでいた山々が次第に低い丘になっていき、小麦畑が広がりだす。上りと下りが交錯する。暑さが半端でないこともあって疲れがひどい。今日もミネラルウォーターを帽子の裏側や上半身に振りかける。路面にまたヤマアラシのトゲを見つける。たびたび見かけるのでイタリアには結構生息しているらしい。

トスカーナはサイクリングの愛好家には結構人気のある場所ということもあって、サイクリストのグループも見かけるようになった。

シエーナの中心　古色に彩られたカンポ広場

平地に入ったところ、反対方向からオートバイに乗ったライダーが次々やって来る。みなライトの上部に数字の標識を付けている。百台を超える大掛かりなレースが開催されているらしい。速さを競うレースではないらしいが、平日、田舎町でのんびりとレースを楽しんでいるところなどはいかにもイタリアらしい。

レストランを見つけてパスタの昼食。日本の倍もありそうな量だが、相変わらずまずい。イタリアでおいしいものにありつけないということなど考えもしていなかったので毎日失望の連続だ。

シエーナに到着。丘の上にある町なので坂を巻くようにしながら上る。町の中心のカンポ広場に入ると、そのあまりの大きさに驚かされる。

かつてはフィレンツェと勢力を競い合った都市だけあって、教会を中心に石やレンガ造りの古色に彩られた建物が立ち並んでいる様子は壮観そのもの。過ぎ去ってしまった時がそのまま町の至る所に痕跡を留め、町全体に過去が今もなお滞留しているような雰囲気に包まれている。

ホテルは町の中心に近い、通りの奥にあった。年代物の建物をホテルに転用しているらしく、部屋は迷路のような廊下の先の屋根裏みたいな所だ。しかし、長い歳月を経て、少し表面の磨り減った大理石の階段は、歩いているとひんやりとした石の軟らかな感触が伝わってくるのが心地いい。その清楚な美しさに見とれてしまい、思わず撫でてみたりする。

町を歩いて中華料理店に入る。狭い店のレジの奥では中国人女性がスイカをほおばりながら、客の応対をしている。日頃の食事が口に合わないこともあって、ここぞとばかり麻婆豆腐、家常牛肉、炒飯などを注文する。しかし、出てきた料理は皿もフォークもプラスチック製で予想通りの安直そのものの味付け。薄暗いカウンターに坐って食べているうちに次第に惨めになってくる。それでも隣のイタリア人の若者が平然と食事をしている様子を眺めているとやはり日本人の感覚とはかなり違うようだ。

七月五日　シエーナ

朝五時すぎに目が覚める。しかし、疲れがとれていない。猛烈な暑さの中、山の中の坂道を上ってきたので無理はない。

ホテルの朝食はコーヒーにシリアル、パン、ハム、ソーセージ、ヨーグルトなどのありきたりのものだが、いつものように腹いっぱいになるまで食べる。朝食だけは不思議なことにいつもおいしい。普段の食事が口に合わないこともあって、朝食が最大の栄養の補給源だ。

フィレンツェまであと六五キロまで迫ったが、この炎天下に起伏の多いトスカーナ地方を走るのは少しつらい。そこで途中のタヴァルネッレ・ヴァル・ディ・ペーザという町のユースに一泊することに決める。

公衆電話でユースの予約をするために外出する。観光客で溢れた、石畳の狭い通りを歩きながら見上げると古びた建物の間から澄みきった青空が顔をのぞかせている。

町でシエーナ周辺の立体マップが飾ってあったので見てみるとフィレンツェに最短で向かう道路は山の頂上に向けて直進しているのでこの道を避けて、山の西側の国道二号線を進むことにする。

ミネラルウォーターとトマトを買う。日本ではあまり見かけない楕円形をしたトマトだ。イタリアはトマトの国のイメージがあったので期待して食べてみるがうまくない。日本と違ってこちらではトマトはあまり生では食べないらしいので当然かもしれない。そういえば、こちらではトマトジュースもあまり見かけない。レストランなどには置いてないことが多いし、スーパーでも見かけない。

疲れをとるため日中はベッドに横になって過ごし、夕方食事に外出。

昨夜の中華料理店に行って、炒飯、酢豚などを注文。

狭い店内は黒人やアジア系のアメリカ人の若者たちでいっぱい。この連中はアメリカ英語を大声で喋りまくる。やたらに早口な上にフォーマルな英語ではないせいか、一言も理解できない。英語の発音が嫌いなわけではないが、軽薄を絵に描いたような、いかにもだらしなさそうな喋り方に、いいようのない嫌悪感がこみ上げてくる。

スーパーに行って、いつものようにパンにサラミを挟んだやつを作ってもらう。その後でレジに並んでいると、すぐ前にいた若い男がレジ担当の中年の女性店員に文句を言いだす。つり銭が違うと言っているらしい。店員は眉ひとつ動かさずこれを無視。男性がなおも強い調子で言い張ると、店員は「あんたが払ったのはこれだよ」と怒ったような顔をして、男の目の前に硬貨を突き出す。それでも男は引き下がらない。とうとうあきらめた店員はなにがしかの硬貨を渡して終了。その後、何事もなかったような二人の表情を見ているとこちらではこの種のトラブルはとくに珍しくはなさそうだ。

七月六日　シエーナ〜タヴァルネッレ・ヴァル・ディ・ペーザ

走行距離　三八・二キロ　　累計　六二三・〇キロ

朝食後、ホテルを出発する。道路はゆるやかな起伏を繰り返すが走りやすい。三〇キロほど走ってポッジ・ポンジという町に着く。ガソリンスタンドでフィレンツェ方向の道を尋ねるとなにやら意味ありげな笑みを浮かべながら教えてくれる。さらに別の男性に道を尋ねるとやはり笑いを抑えきれないという表情になる。これは内心なにかまずいことが起きそうだなと思いながら走りだすとやはり起きた。坂道の傾斜がだんだん激しくなり、それがもうとんでもないレベルになってしまう。山の道はらせん状に巻くように上っていくのが普通だが、この道路はどういうわけかふもとから山の頂上まで直線に伸びている。とにかく道路の傾斜が尋常ではない。昨日、立体マップで見た道路も直線に近かったが、いったい、なぜこんなとんでもない道路を作ったのか訳がわからない。ほとほとあきれながら、自転車を押して歩く。ここをやっとのことで通過すると今度は尾根伝いの道になる。周りが山に囲まれた道端の木陰に坐り、すさまじいセミの大合唱の中で食事にする。サラミ入りのパンが固くて、パンの味がしない。イタリアのパンがまずいのは有名だが、さすがにこれほどとは思わなかった。パン作りにパスタ用のデューラム小麦が使われているためらしいが、食には貪欲なはずのイタリア人がよくこれで我慢できるものだと感心するばかり。

昼すぎにタヴァルネッレ・ヴァル・ディ・ペーザに着く。シエーナからフィレンツェ辺りには丘陵地が広がり、キアンティ・ワインで知られたワインの産地になっていて、この町もそのひとつだ。ワインで潤っているせいか、こぎれいで豊かな感じの町だ。しばらく進み、ユースを見つける。中に入るとラウンジでは英語圏の国々の若者たちが談笑している。受付開始が午後四時からなのでそれまで若者たちのそばに坐って待つことにする。若者たちは同じ英語圏ということもあって、伸び伸びと会話を楽しんでいるが、こちらには会話の内容がまったくわからない。英会話の能力が乏しいのが少し情けない。

やっと担当者の男性が現れる。ところがこの男性は受付の仕事はそっちのけで、まずはラウンジのテレビでテニスの試合を観戦し始める。試合が終わって、やっと宿泊の手続きに取り掛かるのが、いかにもイタリア人らしい。

部屋には二段ベッドが三組。同室には、フランスのマルセイユから来た七十歳くらいの男性がいる。頭の禿げた恰幅のいい男だ。

「仕事はなにをやってるの?」

「バズーカや機関銃などの武器をアフリカなどに売っている」

「儲かる仕事なの?」

「ああ、儲かるよ」と大きくうなずく。かなりうまみのある仕事だろうが、その代わり危険も伴うはずで、いかにも裏側の商売をやっている人物らしくてさすがに眼光が鋭い。

この部屋にはなんと日本人の青年もいる。自動車メーカーで三交替の仕事をして金を貯め、フィリピンに語学留学し、その後五ヶ月ほどかけて世界を旅しているとのこと。一見すると華奢な印象でどこにそんなエネルギーがあるのかなと思わせる男性だ。もう一人はウェールズ出身のチャーリーという名前のイギリス人。フィットネス・クラブでインストラクターをやっている、いかにもスポーツマンらしい雰囲気の青年。彼はフランス語に堪能で武器商人の男性と気軽に会話をしているのがうらやましい。ところが、しばらくしてチャーリーが突然日本語を話しだす。ゆっくりした喋り方だが結構正確な発音だ。挨拶などの基本的な会話はできるらしい。

「興味があって勉強したことがあるんだ。中国語も少しできるよ」語学の才能があるらしい。

「日本にもいずれ行ってみたいな」

「ビジネス・チャンスが広がるから日本語はやった方がいいね」

「ところでウェールズには独立運動なんてないのかな」

「スコットランドは北海油田があるからイギリスから独立してもやっていけるけど、ウェールズはなにもないからね。とても無理だね」

夜、ユースの部屋で休んでいるとワインのボトルとグラスを持って、へべれけになったチャーリーが戻ってくる。

「今夜は町で祭りをやっているからワインが飲めるよ。一緒に行こうよ」と誘われて二人ですぐそばの町の広場に向かう。道路には、料理やワインのグラスの載ったテーブルがいくつも並べられていて、ユースの連中も皆ほろ酔い機嫌だ。辺りには町中の人々が集まって、ごったがえしている。観客の集まった広場の仮設ステージでは子供たちが歌ったり、踊ったり、そのうち寸劇やらマジックショーなど出し物が盛りだくさん。やはりワインで有名な所だけあって人々の表情にものどかで余裕を感じさせる。

七月七日　タヴァルネッレ・ヴァル・ディ・ペーザ〜フィレンツェ

走行距離　五七・五キロ　　累計　六九〇・五キロ

チャーリーから少し滞在を伸ばしてみたらと勧められていたのだが、先を急ぐ気持ちにせかされて出発することに決める。チャーリーはあいにくサイクリングに出かけているので、このままお別れだ。

フィレンツェまでは三〇キロほどの距離しかないので気楽な気分で進んでいると危うく高速道路に入りそうになってしまう。一般道路と高速道路が交錯しているので道路がなんともややこしい。フィレンツェに近づくにつれて、道が平坦になってきたのでほっとする。

フィレンツェに到着。道路が広く、繁栄の時代の雰囲気を今に残す重厚な感じのする町だ。

長い坂を下りている途中で歩いている黒人に道を尋ねる。

「ここを真っ直ぐだよ。観光客か?」

「そうだよ」

「それなら五ユーロだ」と手を差し出してくる。

「グラツィエ」と言いながらあわててそばを離れる。

フィレンツェには、いくつかのユースがあるが、目指すユースは市の北側の丘の麓だ。

北に進み、道を尋ねながら、たどり着く。周りには森が広がり、キャンプ場まである、なんともぜいたくなユースだ。

同室にはニューデリー出身のインド人学生がいる。色黒で目の大きな青年だ。ファション・デザインを勉強するためこちらに留学中とのこと。ヒンドゥー教のベジタリアンの一派に属していて「肉も魚も卵も食べてはいけないんだよ」と言いながらも格別それを気にしている様子もない。

「イタリアは連日猛暑だけど、こちらの気候はどうなの?」

「インドは毎日四十五度も五十度もあるから、このくらいはなんともないよ」とけろっとした表情。さすがはインド人だ。

やたらになまりの強い英語を話すので「インドではいつも英語使ってるの?」と聞いてみる。

「家ではヒンディー語だけど学校では英語だけだね。それこそ幼稚園から英語。教科書も全部英語でヒンディー語のものなんかないよ」

ヒンディー語では近代的な概念を表現するのが難しいため英語が使われているのだろうが、その一方で、民族固有の宗教や習俗や考え方は英語では表現しにくいこともあって、二つの言語が併用されているらしい。しかし、異質な言語を使いこなすのは大きな負担になっているはずだ。世界には複数の言語を使って暮らしている国の方がむしろ多いことを考えるとつくづく日本に生まれて良かったと感じる。

同室に日本人もいる。京都出身の七十歳くらいの男性で頭髪を短めに刈り上げた、いかにも意志の強そうな顔立ちの人だ。嵐山光三郎に少し似ているので光三郎さんと呼ばせていただくが、「一年のうち半年は海外旅行してますよ」という光三郎さんの言葉に驚く。

「事業をやってたんだけど仕事を息子に譲ってからは毎日退屈でね。気を紛らすために犬を飼ったり、碁やゴルフをやったりしたけど、どれも駄目でね。もう耐えられなくなって、旅行を始めたんですよ。それで今はなんとか無聊感にさいなまれることもなくなりました。今では海外からの旅行者を自宅に泊めたりしながら、自分も旅行に出かけてはその人たちの家に泊まったりしているんですよ」

無為がもたらす苦痛は自分もさんざん経験してきたことなのでこの人の言葉が身に染みる。

七月八日　フィレンツェ

走行距離　二七・四キロ　　累計　七一七・九キロ

観光客の溢れるフィレンツェの町を自転車で回る。かつてはヨーロッパの金融の中心地であっただけに、往時の華やかさに時の流れの重みが加わっていてその荘重な雰囲気は見事としかいいようがない。

フィレンツェにはやたら自転車が多いのにも驚く。イタリアでは普通の実用車はあまり見かけないが、フィレンツェは例外のようだ。しかし、自転車には頑丈そうなチェーン錠が二個も三個も取り付けられているのを見るとやはり国情の違いを感じる。

名所のポンテ橋の辺りを散策しながら中華料理店で海鮮炒飯の昼食。ヨーロッパの中華料理はがっかりさせられることが普通だが、ここは日本でもお目にかかれないほどのおいしさ。

市内見物を終えて、ユースに戻り、光三郎さんの思い出話を聞きながら過ごす。戦時中の幼かったころ、母親に連れられて空襲の中を逃げ回り、知己を頼って転々として生き延びた経験はまさに「火垂るの墓」そのもの。

「あの時代は廃墟の中で生きてきたので、今のような豊かな生活がどこか嘘みたいな感じがして、信じられないいんですよ。いつか崩壊してしまいそうでね」生と死の境い目をさまよってきた幼年期の原体験がリタイアしてからの平穏な日々を逆に耐えがたいものにしてきたらしい。

「七十歳になっても海外を一人旅しているので旅先で死んでしまうこともあるかなと一応は覚悟してますよ」その剛直な姿勢には感服するしかない。

七月九日　フィレンツェ

走行距離　四二一・四キロ　　累計　七六〇・三キロ

庭に面したベランダで朝食を摂る。連夜、蚊に襲われ続けてうんざりしていたのだが、周りでも同様らしく、蚊の話題でもちきり。なにせ森の中のユースで窓が開けっ放しの状態だから蚊のやりたい放題で宿泊者たちにはなす術がない。

食事が終わると、インド人青年、光三郎さんの出発を見送る。今日から一人でさびしくなる。ユースのそばの自転車店で自転車を点検してもらい、ついでに東に向かうルートを教えてもらう。フィレンツェは山に囲まれているので東に向かう道路はどれも上りが厳しいらしい。もう覚悟するしかない。

今日も引き続き、町を散策。

しかし、今まで坂道で苦しみ続け、途中で旅を断念することさえも頭によぎっていたこともあって、取りあえずフィレンツェまでたどり着いて、少しづつ気持ちが落ち着いてきたのを感じる。

これからどう走るか、ルートを思案し続ける。イタリアは山が多いため、早めに他の国に向かうしかないようだ。取りあえず、アドリア海沿岸のラヴェンナ、ヴェネツィアに向かい、そこからスロベニア、ハンガリー方面を目標にして走ることに決める。

七月十日　フィレンツェ～ポルティコ・ディ・ロマーニャ

走行距離　七六・八キロ　　累計　八三七・一キロ

昨夜は部屋にひとりだけ。夜中、蚊の猛攻に耐えられなくなる。窓を閉め、部屋の明かりをつけ、シーツで全身を覆ったりして抵抗を試みるが、効果がない。眠れないまま一夜を過ごす。とにかくこれほど凄まじい蚊の攻撃に苦しめられた経験がなかったこともあって、フィレンツェのいちばんの思い出が蚊になりそうだ。

午前八時に出発。国道六十七号線を進む。ゆるやかな起伏が続く。しばらくすると勾配がきつくなり始める。とうとう自転車を押しながら歩くだけとなる。そばには渓流が流れ、周りには緑に覆われた山々が広がる。

昼食はスーパーで作ってもらったサラミ入りの大型のパンだが、相変わらずまずい。サラミだけ食べてパンは捨てる。バナナや液体ヨーグルトなどを多目に取っているので栄養不足にはならないとは思うもののさすがに少し情けなくなる。

延々と続く上り坂を自転車を押して進み、峠の辺りで休んでいるとロードレーサーに乗った長身の男性が上ってくる。この高さまで自転車で上れる体力はすごいとしかいいようがない。

「日本人なの？」

「カリフォルニア出身で仕事の関係でイタリアに住んでてね。いつも自転車に乗ってるよ」と言いながら自分の腹をたたいてみせる。スリムそのものの男性の体はまさにトレーニングで鍛え上げた体つきだ。

やっとたどりついたムラリオーネ峠の頂上

「あと、しばらくすると長い下り坂になるよ。一緒に走ろうよ」こちらは疲労困憊の状態なので、誘いを辞退して、先に行ってもらう。

夕方五時近くになって、ようやく峠の頂上にたどり着く。九〇七メートルの高さにあるムラリオーネ峠の頂上だ。頂上の展望台にはオートバイでツーリングにやって来た連中が大勢たむろしている。眼前には、いくつもの層の重なった断面を露出させた岩山がそびえ立つ。

間もなく下り坂となり、ボッコーニという小さな村でバールに入る。山の中で日も暮れ始めていたので、さすがに焦りながら近くの宿を尋ねる。

「この辺りにはホテルはないよ。でも、五キロほど先に安くていいペンションがあるよ」と親切にも電話で予約して、地図まで書いてくれる。宿が見つかったのでさすがに胸をなでおろす。しばらく山道を進み、脇道に入るとペンション・テレサがあった。さっそく飛び込むと新しくて清潔そのものの宿だ。地元出身の夫婦の二人住まいの家だ。

広々とした庭に出ると家庭菜園のそばに林がある。その先は下向きの斜面になっていて、そのまま周りの山々につながっている。眼前に山と林が一面に広がる雄大な光景に圧倒される。あまりに見事な立地と眺望にさすがにびっくり。二十五年間、地元で大工をやっていたこの家の主人が建てた家とのこと。地元の人だけあって、絶好の場所を選んで家を建てたらしい。しかし、いくら田舎といっても庶民でこれほどの立派な家に住めるとはうらやましい。

夕食はトマト三個にサラミ入りのパンだけ。サラミだけ食べて、パンはこの家の飼い犬に与える。犬は感心にもちゃんと食べてくれたので犬にとってはまずくはないらしい。

シャワーを浴びた後は、まだ午後七時すぎだが、三日間蚊に攻められ続けて寝不足だったこともあって、さっさとベッドに入って就寝。

七月十一日　ポルティコ・ディ・ロマーニャ〜ラヴェンナ

走行距離　六九・七キロ　累計　九〇六・八キロ

朝五時すぎに目が覚める。蚊が出なかったので十時間以上も爆睡して、気分爽快だ。

庭に面したテラスで女主人と話しながら朝食を摂る。カフェオーレにヨーグルト、パン。これに庭で採れたアンズやスモモが食卓に上る。

山の中の谷間の家なので、女主人は「ここは風が強くてね」と少し風が気になっている様子だが、周りの風景と見事に一体になった生活は望んでも得られるものではない。おまけに宿泊代は三〇ユーロと破格の安さ。庭のアンズを包んでくれた女主人に感謝の言葉を告げながら出発する。

前回の旅でも感じたことだが、料金の高い宿は丁寧な応接をしてくれるが、いかにもビジネスライクといった感じで心に残る宿は少ない。かえって、料金の安い所ほど心のこもった応対をしてくれることが多い。旅に出ると宿の立派な設備よりも働いている人たちの気配りや優しさの方がはるかに心に響く。

今日の目的地ラヴェンナまでは六五キロほどなので気楽な気分で走る。進み始めると下り坂が続く。ペダルを踏まなくても時速が三〇キロを超える。しばらく進み続けると道の両側に迫っていた山々が次第に遠のき始め、民家も目につくようになる。ヒマワリ、ブドウ、トウモロコシなどの農地が広がる。

フォーリを通過して、昼過ぎにはラヴェンナに到着。

ラヴェンナはイタリア半島の北東のアドリア海に面する町だ。イタリア半島の西岸のチヴィタヴェッキアから走ってきたので、ちょうどここで半島を横断したことになる。ユースの辺りは埋立地らしく、広々としていて、集合住宅のモダンな建物が目立つ。

ユースは昼休み時間だったので、建物の外のベンチで休んでフロントが開くのを待つ。フロントに行くと「ここにはあなたの母親が働いているわけではないので、自分のことは自分でしなさい」「静かにすること。騒いだ場合にはバットマンを呼びますよ」とか面白い注意書きが貼ってある。よほど行儀の悪い宿泊者がいるらしい。

同室者はいかにも真面目そうなカナダ人の青年。

夕方、ユースの玄関でオランダから来た若い女性三人組と立ち話。話していると時折やさしそうにはにかんだりする。イタリア人女性のおおらかな様子とはだいぶ違う雰囲気だ。ヨーロッパといっても国民性はそれぞれだ。

七月十二日　ラヴェンナ

同室のカナダ人青年が出発した後は部屋に一人だけとなる。

朝から、旧市街の見物だ。歩いて回れるほどのこじんまりした、ひなびた感じのする町を歩く。フィレンツェと違って観光客もまばらなのでのんびりと散策。

ラヴェンナはかつて西ローマ帝国や東ゴート王国の首都でもあった町だが、その後、歴史の表舞台から去ってしまったこともあって、歴史的な建物が今でもよく保存されていることでも知られている。

サン・ヴィターレ大聖堂やガッラ・プラキディア霊廟などのガラス、陶磁器、貝殻などを用いたモザイクで装飾されている様子は豪華絢爛そのものでため息がもれる。

昼は、町のトラットリーアで食事。ニョッキを注文するが通じない。仕方なくメニューを指差して注文すると「ああ、ニョッキね」とやっとわかってもらえる。

イタリア語はカタカナ読みするだけで伝わると思い込んでいたのだが、こんな簡単な言葉さえもが通じないこともある。やはり言葉は難しい。

しかし、このニョッキもまずい。イタリアでは満足な食事に出会ったことがほとんどない上に料金がやたらに高いのも困ったものだ。イタリアの食に関しては、期待が大きかったこともあって、がっかりすることばかり。

ユースのそばのスーパーの入り口に、四十歳くらいのやせ型の男性がダンボール紙の切れ端を両手でかざすようにして、しゃがんでいる。

それには、子供が二人いるけど生活が苦しいと書かれてある。しかし、その前を通り過ぎる買い物客たちは無視したままでだれも関心を示そうともしない。

イタリアでは、よく豪邸を見かける。一見すると、日本よりも豊かな感じさえするのだが、よく観察してみるとやはり庶民の生活には余裕があるようには見えない。とにかく貧富の差が大きくて、階級社会のなごりを強く残している国だ。

ユースのラウンジでは備え付けのパソコンでインターネットが利用できる。そのそばの注意書きには、利用者は身分証明書を提示することとか通信記録はすべて警察に提供されるなどと結構厳しいことが書かれている。イタリアではマフィア対策として市民の通信記録が一年間保存されると耳にしたことがあるが、フェリーのチケットを購入するのにもパスポートを提示させられたりすることなどを考えると国情の違いを痛感させられる。

第四章　イタリア　アドリア海の輝き

七月十三日　ラヴェンナ〜ポンポーザ

走行距離　八六・〇キロ　　累計　九九二・八キロ

午前五時に目が覚める。昨夜は午後八時すぎに寝たのですっきりした気分。朝食を早めに摂って出発。今日は、北のヴェネツィア方向に向けて走る。ラヴェンナのあるエミリアロマーニャ州からヴェネツィアのあるベネト州にかけてはイタリア最長のポー川やその支流が流れていることもあって、この辺りはイタリア最大の穀倉地帯になっている。

辺りは無数の潟や湿地が点在していて、広々としている。起伏がないので気楽な気分で走れるのはなんとも爽快だ。

そのうち国道十六号線に進むと状況は一変。やたらに大型車が多くなる。大型のトレーラーがそばを通り過ぎるたびに風圧で自転車が揺れ動く。鼻歌気分も消し飛んで、緊張感で身がすくむ。

●7/13 ラヴェンナ
●7/13 ポンポーザ
●7/15 パドヴァ
●7/18
サン・ヴィート・アル・タリアメント
●7/19 トリエステ
●7/22 ポストイナ
Innsbruck
Mayrhofen
Großglockner
Heiligenblut
Kärnten
Spittal an der Drau
Sankt Veit an der Glan
Wolfsberg
Brenner
Vipiteno
Brunico
Lienz
Drau
Villach
Pörtschach
Velden
Klagenfurt
Merano
Bressanone
Dobbiaco
Tarvisio
Kranjska Gora
Jesenice
Bled
Tringlav
Kranj
Cortina d'Ampezzo
Tolmezzo
Bolzano
Bozen
Pordoi
Ora
Dolomiti
Cividale del Friuli
Tolmin
SLO
LJUB
Belluno
Udine
Nova Gorica
Trento
Feltre
Pordenone
Gorizia
Piave
Brenta
Conegliano
Postojna
Rovereto
Bassano del Grappa
Portogruaro
Grado
Trieste
Treviso
Koper
Piran
Rijeka
Vicenza
VENEZIA
Mestre
Pazin
Opatija
Verona
Golfo
di Venezia
Poreč
Padova
Monselice
Chioggia
Nogara
Adige
Rovigo
Po
Cres
Pula
Ferrara
Panaro
Comacchio
Mali Lošinj
Modena
Reno
Ravenna
Imola
BOLOGNA
Cervia

スペイン人、フランス人の自転車三人組

アニタという小さな町の辺りは農地が広がり、車も少なくなってきたこともあって、ようやくほっとする。食料品店でネクタリンと冷えたスイカを買う。店先に並べられたスイカを見かけるたびに食べたくて仕方がなかったのだが、カットしたのがなかったので指をくわえているだけだった。そんなこともあって、さっそくかぶりつく。ほてった体に冷たくて甘い果肉が吸い込まれていく。至福の瞬間だ。こちらのスイカはラグビーボールを大きくしたような形なので大味かと思っていたら大違い。果肉の部分が真っ赤で滅法なうまさ。冷えていることもあって極上の味だ。

アニタからは右手にコマッキオ湖を眺めながら湖岸を走る。アドリア海に面した汽水湖で対岸まで十数キロもある大きな湖だ。この辺りの干潟は自然保護区になっていて、世界的にもよく知られている所だ。

人影のない湖岸を走った後、木陰で一休みしていると一人の男性サイクリストが姿を現す。「日本人なの?」と確かめた後でいったん引き返して、二人の男性サイクリストを連れて戻ってくる。三人とも三十代らしい。

最初に声をかけてきたひげ面の男はスペイン人で「中国語を勉強するため台湾に二年ほど留学していたんだ。日本も旅行して、屋久島も行ったことがあるよ」

ほかにドキュメンタリーの映画監督をやっているスペイン人、パリでスペイン語を教えているフランス人。三人の会話はスペイン語だ。

三人は友人同士でギリシャまで自転車旅行の途中とのこと。三人の自転車は一般用のタイプで普段はあまり自転車に乗ったことがないらしく、全員疲れきった様子。太り気味のフランス人などはほとんどグロッキー状態だ。

皆日本のことに興味を持っていて、いろいろ質問してくる。

「日本をサイクリング旅行するのはどうなんだろうね?」

「日本では、こちらみたいに自転車用の道路が整備されているわけじゃないからね。やたらに信号が多くて、自転車で旅するのは大変だよ。でもその分安全かもしれないね」

三人は、いかにも北海道を自転車で走ってみたい様子だ。

映画のことにも詳しくて、黒沢清、三池崇史などの名前も出てくる。

「今村昌平の映画はあの生々しいエロチックさにはついていくのが大変だね」とフランス人が顔をしかめながら話すのが笑わせる。

「カルチエ・ラタンの近くに住んでるんだけど日本人も多いよ。しかし、なんであそこまで日本人はカメラ好きなんだろうね」半ばあきれたような言い方をする。

日本人のカメラ好きは世界的にも知られているが、確かにその心理的な背景については日本人を解く鍵みたいなものが隠されているような気もする。

「でも、どうして日本人はあんなに画一的に見えるんだろうね？　皆会社人間にしか見えないけどね」とフランス人が真顔で聞いてくる。

個性が尊重される、徹底して個人主義の国の人から見れば日本人がそのようにしか見えないのは当然かもしれない。軽蔑とまではいかないとしても言外にやんわりと否定的な見方をされているように感じるが、事実であることは間違いない。曖昧にうなずいて聞き流すしかない。

そのうち、自転車旅行をしている六十歳代の夫婦が通りかかり、立ち話となる。南仏に住んでいるイギリス人夫婦で「南仏からスイス、イタリアまで来て、これからギリシャ、トルコを通り、アルメニアまで行くんだよ」とのこと。

細身のいかにもインテリ然とした雰囲気の男性で三人組とはフランス語で話し始める。そのうち、こちらがフランス語ができないのに気づいて英語に切り替えてくれるが、さすがにきれいな英語だ。この男性は自転車旅行のベテランらしく「北米大陸も横断したよ。熊にも遭遇したしね」

「熊避けスプレーは持っていったの?」

「いや、持ってなかった。こちらから危害を加えようとしないかぎり大丈夫だよ。でも、時々、襲われる人はいるけどもね」と平然としている。さすがはアルメニアまで自転車で行く人だけのことはあると感心。

この夫婦を見送った後は三人組と一緒に近くのコマッキオに向かう。コマッキオは張り巡らされた水路の両岸に明るい色調の民家が立ち並んでいる、こじんまりとした静かな町だ。ウナギの養殖で有名な所らしい。

人通りの少ない昼下がりの街角でピザの店を見つけて四人で食事となる。ピザを食べ終わった後は三人とも疲労が激しいらしく、力の抜けきった体を大儀そうに伸ばして、半ば放心状態。これで本当にギリシャまでたどり着けるのか、他人事ながらさすがに心配になってくる。

ここで三人組とは別れて、二〇キロほど先のコディゴロに向かう。町の中心から五キロほど離れた農地の真ん中にユースがひっそりとたたずんでいた。

しかし、ユースの入り口は閉ざされていて、建物の周りには人影がない。途方に暮れて、敷地を歩き回ってみると隣に小さな乗馬クラブがあるのに気づく。

中年の男性がいたので、ユースのことを尋ねると男性はユースの窓際に近づいて、声をかけてくれる。中に人がいたのでほっとする。結構広い施設だが、他に宿泊者はいないらしく、閑散としている。

夕方になって、乗馬クラブをのぞいてみる。背後に林を控えた乗馬クラブは、真ん中に柵で囲われた馬場があり、そばに厩舎が並んでいる。馬場を挟んでその反対側の木陰のそばに事務所か休憩室代わりの二台の古ぼけたトレーラーが置かれ、その前には木製の大きなテーブルとイスが並べてある。質素な造りの施設だ。

馬場では十代前半の少女たち五、六人が乗馬のレッスンを受けている。教えているのは五十代の女性。

ユースに声をかけてくれたジーンズにTシャツ姿の四十代の小柄な男性がいる。「名前はジャン・

カルロ。ここで馬の世話をしているんだ」と自己紹介してくる。

「今は夏休みだから、少女たちがレッスンを受けに来てるんだよ」

「日本では乗馬はぜいたくな趣味だから、乗馬クラブなんてめったに見かけないけどね」

「いや、こちらでも乗馬はけっして安い趣味じゃないよ」

それでも、ヨーロッパでは馬が放牧されている光景はよく見かけるから、庶民に手が出ないほどではないはずだ。しかし、なんともぜいたくな趣味を満喫しているこちらの人々がうらやましくなる。

レッスンが終わると少女たちは馬が可愛くて仕方ないという表情をしながら、馬の顔を両手で抱きかかえて、頬ずりしたり、キスしたりしている。

そのうち三十代の男性が、突然、一人の少女の後ろからバケツの水をかけたりして騒ぎだす。ここで馬の世話をしているもう一人のシチリア出身の男性だ。まるで小さな子供たちがいたずらしあって、はしゃぎ回っているかのようだ。過去を引きずったり、明日のことを心配している様子はみじんもない。すべてのエネルギーを今という時だけに集中して、今を生きることだけを楽しんでいる人たちだ。今日、フランス人から日本人の異常なまでのカメラ好きを不思議がられたばかりなのだが、過去に対する過剰なこだわりが日本人を写真好きに

少女に乗馬の指導中

させているとすれば、日本人は今を思う存分に生きることが不得手な民族といえるのかもしれないとふと思う。

「この辺りは、かつて潟でマラリアが蔓延してたんだけど、ムッソリーニの指揮で埋め立てられてできた土地よ。そして、その後シチリアの農民たちがここへ移住してきたの」とインストラクターの女性が説明してくれる。辺りには一面に農地が広がり、周囲には人家らしいものが見当たらないのが、いかにも新しく生まれた土地らしい。

ここにはポニーを含めて馬が十頭ほど、それに子猫三匹、犬一匹にニワトリ数羽がいる。おまけに裏の林から這い出てきた陸ガメが卵を産んで、孵化したこともあって、親子のカメまで飼われている。動物たちが皆伸び伸びと遊び回っているので辺りはなんともいえないのどかさに包まれている。

それでも夕方になって、放し飼いにしているニワトリを鶏小屋に入れるのは大変。全員総動員でニワトリたちを追い回して大騒ぎ。

「馬はおとなしくて問題ないのに、ニワトリはこうやって毎日大変なのよ」とインストラクターが苦笑いする。

運命をあるがままに受け入れて、けなげに生きている動物たちの姿を自分に重ね合わせているから

子猫を見つめる馬

だろうか、乗馬クラブの人たちは皆心優しい。

七月十四日　ポンポーザ

走行距離　一七・七キロ　　累計　一〇一〇・五キロ

朝五時に目が覚める。かつてマラリアが猛威を振るっていた土地柄のためだろうか、ユースの窓は蚊よけのため頑丈な網戸になっている。おかげで蚊は一匹も姿をみせず、熟睡。

今日は休養日なので、近くのコディゴロの町まで自転車で出かける。辺りは農地が広がっているだけだが、立派な自転車用の道路が整備されているのには感心する。

こじんまりしたコディゴロの町に着き、日本に電話をするため公衆電話を探す。ようやく見つけたものの壊れて使えない。ヨーロッパではたびたび経験していることなので電話はあきらめる。

しばらく町を散策して、ユースに戻り、午後はカルロと雑談して過ごす。夕方、乗馬クラブに顔を出すとカルロが十歳くらいの少年に自転車の乗り方を教えている。そばに母親がいて、声をかけたりして少

とにかく心やさしい人々

年を励ますのだが、何度やってもすぐに倒れてしまう。バランスがまったく取れてない。少年はしまいにはベソをかきだし「Basta, basta（もうたくさん）！」とわめきだす。さすがに見ているわけにもいかず、自転車のサドルを下げて、両足で地面を蹴って進むように教えてやるのだが、それでも倒れてしまう。最後には少年も自転車を放り投げてしまって終了。

いったんユースに引き上げて、しばらくして乗馬クラブをのぞいてみると驚いたことに今度はこの少年が馬に乗っている。習い始めたばかりらしく、前進も停止もまだおぼつかないレベルだが、あれほど自転車を毛嫌いしていた少年の表情が一変していて、いかにもうれしそうだ。

その後はカルロが小型トラックで近くの農家まで馬のエサを買出しに行くのについていく。農家の納屋に日本では見かけたこともないような巨大なトラクターやコンバインが並んでいる光景はまるで大きな自動車の修理工場だ。イタリアの農業の規模の大きさは、旅の途中で見かけたりしていたのだが、これにはさすがに驚かされる。

人の背丈ほどの直径の円筒状になった牧草をクレーンでトラックに載せて戻る。

乗馬クラブで猫や犬たちと戯れながら、雑談していると、三十代の男性二人が現れて、話の輪に加わってくる。二人とも近所に住んでいる顔なじみの連中らしい。一人は大柄のベネズエラ人。軍隊の仕事でイタリアに来て、そのまま住み着いてしまった人物。もう一人はモロッコ人の自動車修理工。インストラクターの女性はイギリス出身だからとにかく国際色豊か。

みんなでテーブルの前に坐って、ワインを飲んだり、カルロの作ってくれたパスタを食べたりしな

和気あいあいの仲間たち

がら話をして過ごす。

少年とベネズエラ人が話しだすと止まらない。まるで掛け合い漫才でもやっているかのように丁々発止のやりとり。自転車でベソをかいていた弱虫も口では大の大人に一歩も引き下がらない。イタリア人には口から先に生まれた人たちというイメージがあったのだが、なるほどと納得。

一見して、つつましく暮らしている人たちばかりなのだが、皆底抜けに明るい。過ぎ去っていく時を惜しむように人生を味わいつくしながら生きている人々だ。

暗闇に包まれた夜空から雨粒が落ち始める。大粒だがまばらで通り雨らしい。連日の猛暑で乾ききった芝生に落ちる雨音を聞きながらユースに戻る。いよいよ明日は出発だ。

七月十五日　ポンポーザ〜パドヴァ

走行距離　九四・三キロ　　累計　一一〇四・八キロ

朝七時、ユースを出発。乗馬クラブの見える位置に自転車を止め、前方を見つめる。まだだれもいない乗馬クラブはひっそりと静まり返ったままだ。

ここの人たちと一緒に過ごしたひと時が、まるで夢の中の出来事のように思えてくる。乗馬クラブの全景を脳裏に刻み込むように見つめ続けた後、無言で別れの挨拶を送る。クラブから遠ざかっていくにつれて、寂しさがこみ上げ、ペダルを踏むのがつらくなる。

九〇キロほど離れたパドヴァに向けて走る。道路が平坦なせいもあって走りやすい。道路の脇は水路が整備され、農地が広がっている。さすがにこのポー川の辺りがイタリアの大穀倉地帯となっているだけのことはある。

途中でドイツ人のサイクリストと立ち話。ドイツからイスタンブールまで行った帰りで、これからスペイン、フランスを回って帰国するとのこと。年金生活をしている小柄でやせ型の男性だがタフそのものといった感じ。

その後は順調に進み、午後二時すぎにはパドヴァに到着。ところが、これからが大変。ユースを探し回るが、見つからない。通行人に尋ねても無視される。警官を見かけるたびに道を尋ねては適当にあしらわれる。それでも、なんとかユースにたどり着いた時はもうくたくた。

イタリアは観光で成り立っている国だが、観光案内所が充実しているわけでもない。おまけに警官のいい加減なこと。放っておいても観光客が来てくれる国だからなのか、万事適当な連中ばかりで腹が立ってくる。

フロントでヴェネツィアへの行き方を尋ねると「ヴェネツィアの中心は自転車では走れないよ」と言われる。

明日はヴェネツィアのホテルに移るつもりにしていたのだが、パドヴァに三泊して電車で通うことにする。

同室は、静岡在住の日本人青年と黒人の中年男性だ。

「イタリア料理を研究するため、イタリアを食べ歩いていて、もう二十州ほど回りましたよ」と料理修行中の青年。

七月十六日　パドヴァ

同室の黒人は、昨日は一日中ベッドに寝たままで一言も発しない。少し不気味な感じさえしていたのだが、今朝、初めて話してみると人の良さそうな、五十歳くらいのナイジェリア人だ。

週に一度だけユースに泊まりにくるとのことで、普段はあまりまともな所には住んでない様子だ。

「仕事はなにをやってるの?」

「いや、いろいろ経緯があってね」と繰り返すばかりで答えようとしない。

「イタリアに来て、十五年ほどたつけどまだ一度も帰国したことがないんだよ」

ナイジェリアといえばビアフラ内戦など紛争が絶えないイメージがあったのでそのことを尋ねる。

「もう、昔の出来事だよ」と笑みを浮かべるだけで、いっこうに母国のことを気にしている様子もない。

二度目のヨーロッパの自転車旅行をしていることを話すと「どの国がいちばん良かったの?」と聞

いてくる。

取りあえず、「イタリアの人は親切だよね」と同意を求めると男性はしばらく沈黙した後に「そうだったら、いいけどもね」とぽつり。

イタリアでは黒人が目立つ。街角では路上にバッグなどを並べて売っている黒人たちの姿は、おなじみの光景だ。中には両手に商品を持って、歩きながら通行人や車のドライバーに売りつけている連中もいる。こんなわずかな安物を売って、どうしたら生活が成り立つのか不思議に思えてくるほどだ。

イタリア人でさえも失業中らしい若者たちが街角にたむろしているほどだから、黒人でまともな仕事にありつけるはずがない。黒人の連中は持ち前のタフさでなんとか生き延びているのだろうが、この男性にしても言い知れないようなつらさを味わいながら暮らしている様子が見てとれる。沈黙の中にその苦しみが込められているような感じがして、少し気の毒になる。

電車でヴェネツィアに向かう。駅に到着して、混雑した駅の構内の人ごみをかきわけながら進み、玄関から出る。眼前には散乱する光の中で運河の水面がきらめき、その向こう側には繁栄した時代の面影を残す、古色に彩られた建物の群れが現れる。この辺り一帯が時の流れとは無縁のままに取り残されてしまっているかのような不思議な感覚に襲われる。

観光客で溢れ返る狭い路地裏みたいな通りを歩き回る。都市を造るには条件がいいとはいえない場所によくこれだけの町が作れたものだと感心するばかり。

七月十七日　パドヴァ

静岡の青年と一緒に朝食を摂る。

「こちらの食のレベルは日本と比べてどうなのかな?」

「日本の食のレベルは高いですよ。でも、イタリアはイタリアで結構奥が深くて、そう簡単には真似ができないという感じがしますね」と謙虚な答え。

「これから日本に帰って、どうするの?」

「三十歳までには創作料理みたいな店を持ちたいと考えてるんですよ」と夢を語る。一見、線の細い感じがするが、しっかりした青年なので成功しそうな気がする。

青年が出発した後は、公園に出かけて、木陰で休憩する。周りにも芝生の上で寝ころんで過ごす人たちが多い。そのうちカラビニエリ、憲兵隊の国防色の車が止まり、自動小銃を持った迷彩服姿の兵隊たちが茂みをなにやら捜索し始める。前回の旅でも銃を携帯している連中を時折見かけたが、ヨーロッパでは珍しくもない光景らしい。やはり、ヨーロッパは戦いの歴史を繰り返してきた国々だとあらためて感じる。

街を歩いていると金をねだる連中が目につく。昼間からぶらぶらしている様子で、帽子の裏側を差し出してくる。一方では豪壮な邸宅も見かけるし、高級車も走っている。商店のショーウィンドーにはいかにも高価そうな商品が並べられていて、レストランにしても安くはない。富裕層と貧乏人との格差がはっきりしていて、これでなんとか社会が維持されているのが少し不思議に思えてくる。

七月十八日　パドヴァ～サン・ヴィート・アル・タリアメント

走行距離　一三六・二キロ　　累計　一二四一・〇キロ

一晩中、蚊に襲われ続け、眠れないまま朝を迎える。仕方なく早めに起きて出発。

パドヴァ市内は、やたらに車が多い。できるだけ交通量の少なそうな道路に向かうと、これがまるで高速道路状態。肝を冷やしながらしばらく走り、別の道路に移る。しかし、道路が複雑に交錯していることもあって、道がわかりにくい。

方位磁石を見ながら、取りあえず、北や東の方向へ進む。そのうち次第に田舎の風景が広がり始め、車が少なくなってくる。走っているうちにサンヴィード・アル・タリアメントにユースがあることを思い出し、そこに向かうことにする。進むうちに辺りはぶどう畑だらけになる。まだかなりの距離があるし、ユースは予約もしてない。明るいうちにユースにたどりつけるかわからないので不安になりながら必死で走り続ける。

夕方になってやっとユースに着く。庭もない小さなユースはドアが閉まっている。

しばらく、そばのベンチに坐っているとやがて男女のカップルの姿が現れる。女性がユースの職員だ。宿泊を申し込むとなんとか泊まれるとのことで胸をなでおろす。もう一人の小柄でメガネをかけた三十代の男性と話しだすと「日本から来たの？　本州それとも九州？」と聞かれてびっくり。なんで日本のことを知ってるの？」

「学生の時、地理が好きだったんだよ。でも、もともと日本のことは関心があるんだよ。子供の頃は『北斗の拳』なんか大好きだったしね。今も禅とか東洋哲学には興味があるからね」と熱心に語りだす。

病院の緊急医をしている男性で婚約者がこのユースに勤めているので顔を出したらしい。このステファノという男性がそばの小さな繁華街を案内してくれる。

今日の走行中、自転車のブレーキ部品が一部脱落してしまったので自転車店の場所を尋ねると「近くに自転車店があるから明日そこへ行けばいいよ」と言われて一安心。

夜も遅くなっていて時間もないのでステファノと別れて、近くのトラットリーアで持ち帰り用のパスタを作ってもらう。

ユースに戻るとフロントに老年の女性がいる。ユースの経営者だ。「明日はチェックアウトの時間はきちんと守って下さいよ」とやたら厳しい口調で繰り返す。あまりの口やかましさにシチリアの宿を思い出してしまう。イタリアはたしかに遊び人と怠け者だらけの国だが、要所には働き者、しっかり者がいる。頼りない男たちを支えているのはこんな女性たちなのかもしれない。

宿泊の手続きをしたのが遅かったこともあって、あわただしく食事を済ませた後は、シャワーを浴びてそのまま就寝。

寝不足のまま、一三〇キロも走ったあげく、夜は夜で、最後までせきたてられて目が回りそうな一日になってしまい、もうへとへとだ。

七月十九日　サン・ヴィート・アル・タリアメント〜トリエステ

走行距離　九二・二キロ　累計　一三三三・二キロ

昨夜は最後まであわただしく過ごしたが、寝不足だったこともあって熟睡。

朝食を終えるとこのユースで働いている中年の女性が自転車店まで連れていってくれることになる。ステファノが手筈を整えてくれたらしい。女性の仕事が終わるのを待って、自宅に帰る女性と一緒に自転車でその店に向かう。

走りながら「イタリアはどの町が気に入ってます?」と問いかけてみる。

「それがね、イタリアに住んでいても他の町には行ったことがないのよ。でも、トリエステには行ったわよ。本当にきれいな町よ」と
トリエステの素晴らしさを話しだす。

トリエステはスロベニアとの国境にある町だ。辺りの道路事情が複雑すぎることもあって、行くのを断念していた町だ。しかし、女性の言葉を聞いているうちに、やっぱり行ってみようという気持ちになってしまう。

数キロ先の畑のそばに新しくて大きな自転車店があった。

女性が顔見知りの担当者に声をかけてくれた後、さっそく修理してもらう。

修理が終わると、女性と別れて、南東のトリエステに向かうことにする。昼すぎ、パルマノバに到着。わりと順調だったので道路脇のレストランで食事。パスタにナスのソテーにミネラルウォーターで九ユーロ。簡単な料理だが、観光地ではこの倍の料金をとられるのが普通だから、イタリアでも地方では物価がかなり安くなるようだ。

海辺の町モンファルコーネに着く。トリエステも近くなってきた。

川の流れが青みがかった乳白色をしている。道端の水路に農業用水が流れている。澄んで、やたらに冷たい水だ。さっそく顔を洗い、汗まみれの帽子を水に浸す。

トリエステはアドリア海に沿ってほぼ南北に長く伸びている町だが、周りを山に囲まれているらしく、トリエステに近づくにつれて道路の起伏が大きくなる。

午後六時すぎにトリエステの北の端にあるユースに到着。すぐ後ろが山になっていて、海岸沿いの道路に面している。辺りはリゾート地みたいな雰囲気だ。

砂浜がなくて、護岸用の岩が並んでいるだけの少し殺風景な感じのする海岸だが、海水浴で有名な所らしくて、海に面した公園は水着姿の人たちで溢れている。海水浴客たちが多いこともあって、辺りには開放的な気分が漂う。

七月二十日　トリエステ

同室者は七十歳近い、黒い髪で彫りの深い顔立ちの男が一人だけだ。「シチリア出身で以前は学校でイタリア語教師をやっていたんだ。今はローマに住んでいる」と自己紹介してくる。

「ローマはやたらに騒々しいところだね」

「ローマは素晴らしいところだよ。気に入っているよ」

片言のイタリア語で話しているうちに「いったいどこで覚えたんだね？」とか聞いてくる。男はどうやらこちらに興味を持っている様子。

そのうち男性は音楽が趣味らしく、お気に入りの曲を歌ってみたりする。

朝食の後は、町まで歩いて出かける。海岸沿いの長い公園を歩いているとシートの上で甲羅干ししている人たちでいっぱい。泳ぐというより、日焼け目的でやって来た人たちらしい。海を眺めると、泳いでいる人のすぐそばで鵜が平然と遊んでいる様子がなんともほほえましい。

若者が中心の日本の海水浴場の様子とは大違いで、ほとんどが中高年者ばかりだ。

公園の植え込みで鳴いているセミを不思議そうに眺めている人もいる。セミはヨーロッパでも南にしかいないので北から来た人たちには珍しく感じられるらしい。

トリエステの中心部は古くて壮麗な建物が立ち並ぶ、落ち着いた町だ。第一次大戦のころまでオーストリア領だったせいか、上品でいかにも貴族趣味に満ちた雰囲気がする。無秩序と混乱の中に投げ込まれたようなローマやナポリと同じイタリアとは思えない。まるで北欧の町でも歩いているような気分になってくる。繁栄の時代を終えて、今は静かに余生を送っているという印象の町だ。

夜、ベッドに寝転んでいるとシャワーを浴びてバスタオルを腰に巻いたイタリア人が隣のベッドに坐る。

「さっき、そこの海岸でずっと釣りを見ていたら、一時間もかかって、やっとこんな小さな魚が釣れたよ」と笑いながら話しかけてくる。

そのうち男の様子がおかしくなってくる。男はバスタオルを巻いた下半身を指差して「ここのことを日本語でなんと言うんだね」と尋ねてくる。

不愉快になって、相手にするのを止めて、無視するが、男はなおも執拗にその質問を繰り返す。この男は動作が少し緩慢なところがあるので恐怖心は感じないが、目の表情がなんとも不気味だ。昨日、初めて挨拶を交わした時も人の心をのぞき込んでくるような底光りのする目つきが少し気になっていたのだが、やはり目には人格が現れるらしい。

元教師だったくせにこの非常識極まりない態度にあきれるが、こん

トリエステの散歩途中で

な人物に教わった子供たちこそ、いい迷惑だろう。どこの国にも破廉恥教師はいるものらしい。

しばらくすると、三十代のオーストリア人の男性が入室してくる。風力発電の技術者だ。

「ウィーンはこのところずっと天気が良くなくてね。仕事に疲れて、車で海水浴に来たんだ」ここはオーストリアからはわりに近いので、国内を気軽に旅するような気分でやって来たらしい。

この男性が外出した後は、中国人の青年二人が入室してくる。二人とも表情が固くて、周りとも口もきかず、フレンドリーとはほど遠い雰囲気。夜遅くまで部屋のライトをつけっ放しにしたままで狭い部屋の中で大声で中国語で話しまくるので少し不愉快になる。

明日は出発日ではないからいいようなものの、少々うんざり。

七月二十一日　トリエステ

走行距離　一一七・一キロ　　累計　一三六〇・三キロ

朝起きると雨が降っている。おまけに気温がやたらに低い。昨日までは猛暑だったので、天候の変わり方が少し異様な感じだ。周りに聞いてみるとボラが吹き出したとのこと。イタリアにはよく知られた季節風がいくつかあるが、ボラはアルプスを越えて海側に吹きつけてくる北風だ。

旅行前にもあらかじめ季節風のことは調べていたのだが、気になっていたのは南風のシロッコだけで、冬の風と思い込んでいたボラが真夏に吹くなどとは予想もしてなかった。トリエステはこのボラがよく吹く町として知られているらしい。

とにかく猛暑が突然秋の終わりのような天候に一変し、海辺に溢れていた海水浴客たちの姿がいっせいに消えてしまったのにはびっくり。

ベッドで休んでいるとイタリア人がまた隣のベッドに腰掛けて、話しかけてくる。しばらく話をしているとこの男は今日もここに滞在するらしい。昨日の一件もあって狭い部屋にこの男と一緒にいるのはもう精神的に耐えられそうもない。こうなったら部屋を替えてもらうしかない。

さっそくフロントに出向く。顔見知りの男性の担当者に部屋を替えてもらうように頼み込む。

「どうして?」担当者はきょとんとした顔をして聞き返してくる。

「同室のイタリア人が苦手なんだよ」

「あの人は毎年夏にはここにやって来るけども、いい人だよ」

なにがいい人なもんか。とんでもない奴じゃないかと腹が立ってくるが、まさか下半身の一件については話すわけにはいかない。

「言いたくはないけど、あの男性には少し変なところがあるんだよ」

「仕方がないね」何度も頼み込んで、なんとか部屋替えを了承してもらう。

返事を聞くやいなや部屋に戻る。イタリア人の見ている前で、無言のままシーツや荷物をかき集めて、それをかかえて、あわてて部屋を飛び出す。この様子を見ていたイタリア人は、これから出発すると思い込んだらしい。

新しい部屋は地下の奥の穴倉みたいな八人部屋で、ほぼ満室。先ほどの部屋から無事逃げおおせたこともあって、やれやれという気分でそばの若者と話をする。

セルビアの大学で数学を専攻している学生だ。

「スロベニアの山登りに来たんだよ」と話しながら、頂上の様子を写したカメラの動画を見せてくれる。

「将来、セルビアを通ってトルコまで自転車旅行したいと考えてるんだけど」

「セルビアもブルガリアも山が多いから自転車では大変だよ」

「アルバニアにも興味があるけど行ったことあるの?」

「行ったことはないな。アルバニア人とセルビア人は仲が悪いからね」旧ユーゴの崩壊の際、民族間の激しい対立をたびたび耳にしていたのだが、やはり現実は相当なものらしい。

「アルバニア人とセルビア人は外見で区別できるものなのかな?」

「いや、外見だけで区別するのは難しいだろうね」

外見上の差があまり目立たないとすれば、あの底知れない憎悪はどこから生まれてくるのだろうか。

旧ユーゴ諸国の諸民族の中でもアルバニア人が他の民族とは系統的に違っているだけで、他の民族は南スラブの同系だ。バルカン半島で激しい対立をもたらしていることの原因が血統よりも文化や歴史の違いに起因しているとするならば、一方で急速に進んでいるグローバル化の現象とはいったいなんだろうと考えてしまう。

その青年が部屋を出ていった後、別の若者から話しかけられる。クロアチア人の物理学専攻の学生だ。

こちらが日本人だと知ると「クロアチアの歌が日本で人気になっていると聞いたことがあるけど知らないかな」とその曲を口ずさみ始める。あいにく、その歌は知らなかったが、そのことで話の糸口がほぐれる。

「さっき、そこのベッドにいた青年はセルビア人だよ。知ってた?」

「なんとなくわかっていたよ。言葉は交わさなかったけどね」

セルビア人とクロアチア人も内戦を繰り返して、お互いを憎しみ合う関係だ。

「EUみたいに国家の統合の動きが進んでいるから、将来、旧ユーゴの諸国は再統一されることもあるのかな?」

「EUの場合は各国に主権が残されているからね。それに内戦の精神的な傷跡が大きすぎるから、旧ユーゴの再統一は無理だろうね」

先ほどのセルビア人もこのクロアチア人も心優しい青年たちだ。同じ国のままでいたら、親しくなれたはずなのに今のように憎悪し合っている関係ではそれも望めそうにもない。

いずれにせよ、それほど広いとはいえない地域に同じ連邦国家の一員として共生してきた、血統的にほぼ同一の民族同士が殺戮し合うという異様さは、通りすがりの旅行者にしかすぎない自分には理解できそうもない。

町の中心まで自転車で買い物に出かける。ところがやたらに風が強くて震え上がるような寒さ。短パンにポロシャツ姿ではとても耐えられそうもない。途中であきらめて引き返す。明日はいよいよスロベニア入国だが、この尋常とは思えない天候の中、うまく走れるか心配になってくる。

外出から戻り、玄関から中に入ろうとするとあのイタリア人がロビーにいるのに気づく。これはまずいと玄関の外のベランダの辺りで時間をつぶして、イタリア人がいなくなったことを確かめて中に入り、歩きだしたとたん、ふと気づくと後ろにあのイタリア人が立ってこちらを見ている。例の底光りするような目つきでこちらを睨みつけながら「嘘をついたな」と怒気を含んだような声で言い放つ。ぎょっとして、男から一目散に逃げだして、自分の部屋に駆け込む。肝を冷やすとはこのことだ。

七月二十二日　トリエステ～ポストイナ

走行距離　七四・七キロ　　累計　一四三五・〇キロ

食堂の開く朝七時半まで待つが、食堂は閉まったまま。そのうち、食堂の担当者があわてながら飛び込んでくる。しばらく待たされそうなのであきらめて出発。いかにもイタリアらしい。トリエステの駅に向かう。駅の建物といっても閑散としていて、自転車を押して歩く人もいるので、こちらも自転車を押しながら構内を進み、バールの店内に自転車を止めて朝食を摂る。

気温は相変わらず低く、強風が吹き荒れていて、サイクリングをするようなコンディションではないのだが、先を急ぐ気持ちにせかされてスロベニアとの国境に向かう。

港を横目に見ながら進むとやがて貨物駅、造船場などが姿を現す。辺りには人影がない。高架の上の道路を進むがガードレールで完全に遮断されているので嫌な気分になる。

風はますます強くなり、突風が吹きまくるにつれて、自転車が揺れ動く。そのうち姿勢を制御することも難しくなる。自転車を降りて押しながら進むが、下り坂になっても高架の下から吹き上げてくる風で車体が浮き上がり、押し返されてしまう。これでは、まともに進めそうもない。なんだか、とんでもない日に出発してしまったと後悔するがもう遅い。

なんとかスロベニアに入国だけはするつもりで焦りながら進む。歯を食いしばって進んでいるうちに後ろからパトカーが近づいてくるのに気づく。

「ここは高速道路だぞ！」女性の警官から怒鳴りつけられ、すぐ停止を命じられる。道路が周りから遮断されているのでなんだか変だと思ってはいたのだが、まさか高速道路とは気づかなかった。一瞬、あっけにとられる。この辺りは高速道路と一般道が複雑に交錯しているので気をつけていたのだが、大失敗だ。

パトカーから降りてきた男女の警官から「ここは高速道路だよ。なんで入ったの？」と詰問されるが、こちらにわかるわけがない。ただひたすら謝るのみだ。

「パスポートを見せて」と言われてパスポートを差し出す。

女性警官は携帯電話で本部と相談している。いったい、どうなることかと不安になりながら、小さくなっていると二人の表情が次第に和らぎ始める。

「この天候ではサイクリングは無理だよ。タクシーを呼ぶから、それに自転車を乗せて、取りあえず、ホテルに戻りなさい」

警官たちとタクシーが来るのを待っていると男性の警官が突然「沖縄には行ったことがある?」と聞いてくる。

「沖縄は大好きな所だから何度も行きましたよ。なんで沖縄のこと知ってるの?」

「いや、沖縄空手をやっていたことがあるんだよ」

しばらく沖縄のことを話しているうちにタクシーが来たので警官に挨拶して自転車を乗せて出発。

しばらく走って、高速道路から出た所で降ろしてもらう。料金は二〇ユーロにチップ二ユーロ。冷や汗をかいたが、なんとかことが収まったので胸をなでおろす。ここから強風の吹きまくる中をスロベニアに向けて走りだす。まもなく国境を通過。

はじめは怖かった警官も笑顔

第五章　スロベニア　北風の吹き荒れる中を

この天候ではまともに走れそうもない。早めに宿に飛び込もうと考えながら、宿を探して進んでいるとレストランを兼ねたホテルを見つける。

さっそく飛び込み、まずはカウンターの中年女性にミネラルウォーターを一本注文。ところが、冷えてもいないのに一本四・五二ユーロという法外な価格。

「今日、泊まりたいんだけど」と尋ねてみる。

「宿泊できますよ」とその女性が言いかけたとたんに隣にいた中年女性が「今日は満室だよ」と無愛想な表情で間に入ってくる。

ミネラルウォーターの法外な値段もそうだが、露骨に宿泊を拒否する態度にさすがにむっとする。中欧の人々については、旅行者の間ではあまり評判が芳しくないことは知っていたが、入国したとたんに露骨に拒絶するような態度を見せつけられるとさすがにショックだ。「やっぱり、こんな国に来るんじゃなかったな」と後悔の念が沸き起こる。しかし、すでに来てしまった以上は仕方がない。気

●7/22 ポストイナ
●7/23 リュブリャナ
●7/26 モラフスケ・トプリツェ
●7/29 ヘヴィーズ
LJUBLJANA
ZAGREB
SLO
HR
Graz
Postojna
Eisenerz
Bruck an der Mur
Leoben
Liezen
Hartberg
Knittelfeld
Judenburg
Köflach
Fürstenfeld
Wolfsberg
Leibnitz
Sankt Veit an der Glan
Pörtschach
Klagenfurt
Velden
Dravograd
Maribor
Ptuj
Rogaška Slatina
Celje
Jesenice
Bled
Kranj
Tolmin
Nova Gorica
Novo mesto
Metlika
Karlovac
Koper
Rijeka
Delnice
Opatija
Pazin
Crikvenica
Ogulin
Slunj
Senj
Otočac
Cres
Krk
Rab
Kőszeg
Sárvár
Szombathely
Körmend
Zalaegerszeg
Sümeg
Keszthely
Ajka
Pápa
Murska Sobota
Lenti
Nagykanizsa
Čakovec
Varaždin
Koprivnica
Đurđevac
Bjelovar
Sisak
Glina
Kutina
Novska
Bosanska Dubica
Bosanski Novi
Prijedor
Bosanska Krupa
Bihać
Sanski Most
Plitvička jezera
Bosanski Petrovac
Ključ
Tamsweg
Triglav
196
264
307
198
180
136
140
122
164
224
396

をとりなおして出発。

しばらく進んで、レストランに入る。ところがメニューがスロベニア語で書かれているので、どんな料理なのかさっぱりわからない。とにかく、文字が読めないのでトイレの表示さえも見当がつかない。この辺りではまだイタリア語が通じるからいいようなものの、この先はいったいどうなることやらと不安になってくる
山道を進むが、風が強くて走れなくなる。疲労がたまっていて前に進むのも四苦八苦。

途中で出会ったイタリア人の若者たちに「ボラはいつまで続くの?」と聞いてみる。

「天気予報だと四、五日は続くみたいだよ。どこまで行くの?」

「リュブリャナ」

「そりゃ、大変だな」と気の毒そうな顔をされる。

自転車を押しながら山道を進んでいるとバイクに乗った男が坂道を上りきった辺りで警笛を二度鳴らして左腕で力こぶを作り、「見たか、俺の力を」と勝ち誇ったような仕草をする。

四年前の旅でも同じような体験をしたことがある。この程度のことで得意がる、さもしさにあきれてしまう。ヨーロッパにも卑小極まりない人間が結構いるらしい。

通り過ぎていく両側には草原が広がり、樹木が生い茂り、自然で覆い尽くされている。時折、通りかかる小さな町にはイタリアでよく見かけたような立ち話をしたり、所在なげにたむろしている人たちを見かけない。ボラが吹いているせいもあるのだろうが、とにかく人影がない。たまに人を見かけ

て道を尋ねても一様に表情が固くて明るさがない。光が溢れ、活気に満ちたイタリアの姿を見慣れた目には、こぎれいで落ち着いた感じのするスロベニアの町はどこか寒々として生気が感じられない。

相変わらず風が強い。帽子を風で飛ばされるたびに自転車を止めては、あわてて取りに戻るのを繰り返す。

小さな白い花々の咲く草原に岩山がぽつんとそそり立っている。周りには樹木がないこともあって、青空と草原を背景に稜線を浮き上がらせているその姿にしばらく見とれてしまう。

夕方、ポストイナの町に着く。緑の中に住宅が点在する、きれいな町だ。いかにも豊かそうな町だが、ここもやはり荒涼とした印象がぬぐえない。

宿を探し回って、やっとのことで小さなペンションを見つけて宿泊。疲れきっていたので、夕食も摂らずにそのまま就寝。

草原にそびえる岩山　辺りはお花畑

七月二十三日　ポストイナ～リュブリャナ

走行距離　五六・八キロ　　累計　一四九一・八キロ

朝食の席で「ボラはいつまで続くの？」と女主人に聞いてみる。

「まあ、あと二日だね。ここは標高が五二〇メートルもあって冬には雪も積もるしね。時には零下二十五度まで下がる所だから、この程度ではたいしたことないよ」と平然としている。

朝食を終えて、五〇キロほど先の首都リュブリャナに向けて出発。昨日に比べると風の勢いも少し弱まったが、まだ厳しい。

しばらく走って、一人の青年と立ち話。

「ボラがすごいね」

「数日は続くみたいだけどね。冬は四十日間もボラが吹きまくることがあるよ。これはせいぜい風速三〇メートルだけど冬には二〇〇メートルにもなるからね」とか恐ろしいことを言いだす。これでまともに暮らしていけるのか不思議なくらいだ。民家がまばらなのはこの辺りがボラの通り道になっているためらしい。いずれにせよ、スロベニアは予想以上に気候の厳しい所だ。

杉林に囲まれた山道を進む。長い下り坂を下ると道が次第に平坦になってくる。順調に走り続け、昼ごろにリュブリャナに着く。スロベニアの首都だが、スロベニアそのものが人口二百万人ほどの小さな国なのでこの町も人口が三十万人にも満たない、静かな町だ。観光案内所でユースの場所を教えてもらい、さっそくユースに飛び込む。今日は天候を除けばすべてが順調。

同室に二人の先客がいる。一人はオーストラリア国籍のミンという名前の三十代後半のベトナム人男性。

「サイクリングが趣味でね。以前、南仏を自転車で旅したことがあるよ。明日は自転車を借りてサイクリングするんだ」

アウトドア好きの男性なので話が合う人物だ。

もう一人はカリフォルニアから来た、ひげ面にずんぐりした巨体の持ち主のピーターという四十七歳の男。

「前はトラックの運転手をやっていて、それで貯めた金でヨーロッパを旅しているんだ」この男は、こちらの英語力など無視して、ネイティブを相手にしているような話し方をする。おまけに、まるでけんか腰みたいな口調で話の腰を折る癖があるので閉口する。

町を散策していると公園の噴水のそばで突然日本語が聞こえてくる。小さな男の子と戯れている三十歳くらいの日本人の女性だ。話しかけてみると観光を兼ねてご主人の出張についてきているとのこと。観光など眼中にもないといった様子で、夢中になって子供と遊んでいる姿がまるで日本での日常そのままの雰囲気なので、親子を見ているうちに日本に帰りたくなってしまう。

ユースに戻ってミンに話しかける。

「スロベニアに来てどんな印象を持ってる?」

「ボスニア、クロアチア、ハンガリーにも行ったことがあるけど、この辺りの人たちにはフレンドリーという印象はないね。まるで自分が不要な存在みたいな目で見られるよ。お前はいったいここになにしに来てるんだみたいな」

昨日の宿泊を拒否された出来事が一瞬脳裏をよぎる。

激しい抗争を繰り広げてきたバルカンの暗い歴史が部外者を容易に受け入れようとしない、かたくなさを育てたのかもしれないと感じる。

ピーターは特大のスーツケース二個の中身を部屋中に広げて、何時間もかけて整理に没頭している。そうかと思うと、大きな画用紙に一心不乱に絵を描いたりする。いつも荒々しい息づかいをしながら、なにかに夢中になっている様子がエネルギー過多という感じがして、どこか精神のバランスを失っているような印象を受ける。

ミンもピーターのことをやはり少し変な男と思っているらしく、煙たがっている様子。それでもピーターはこちらには気を許しているみたいで、時々話しかけてくる。

「ボストン・レッドソックスの大ファンなんだ」

「カリフォルニアに住んでいて、なんでまたファンなの?」

「もともとはボストン生まれなんだよ」

とにかく大変な野球狂で日本人選手の名前がすらすらと口から出てくる。

七月二十四日　リュブリャナ

今日は休養日なので、一日のんびり過ごせる。ミンは北部の森林地帯にサイクリングに出かけて行った。荷物の整理を終えたピーターが「俺にはもう要らなくなったから」と地図や旅行のガイドブックをくれる。

手持ちのユーロが乏しくなったので、ATMでキャッシングするため外出する。近くで見つけたATMにクレジットカードを入れて操作するがうまくいかない。海外でカードを使ってのキャッシングは何度も経験しているが、今回ばかりは少し様子が違うので少しあわてる。場所を移動して、他のATMで試してみるがどれも作動しない。さすがに焦りだす。

そのうち一台のATMでやっと現金の引き出しに成功。取りあえず、一台のATMだけでうまく作動したことになる。一応、ある程度の日本円は持参してきているので、これを両替すれば当面困ることはないのだが、ATMで現地通貨を引き出しながら旅をすることにしていたので、これから先が少し心配になってくる。

午後は小高い丘の上の城の見物をする。日中は少し気温が上がってきたのだが、雨が降りだしてまた寒くなる。

明日はハンガリーに向けて進むのでフロントに出向いて途中の宿の相談をする。係員から温泉で有名な保養地のモラフスケ・トプリツェを勧められたのでそこの宿に予約をしてもらう。

ユースのインターネットでイチローがニューヨーク・ヤンキースに移籍するというニュースを見て、さっそくピーターに伝える。

「本当かそれ？　本当だとしたらビッグニュースだぞ」ピーターは興奮しながら、しばらくイチローのことを話しだす。さすが筋金入りの野球ファンだ。

夜、ユースの玄関で南仏出身の若者と立ち話。日本から来たことを話すと「日本のことには興味があってね。日本の歴史の本を読んだりするのが好きなんだ」と目を輝かす。

「どんな分野に関心があるの？」

「全部だよ。とくに神道」

こちらでは神道に興味を持っている人が少なくない。キリスト教が広まる前には、もともとヨーロッパでも多神教が信仰されていたということを考えるとこちらの人々が自然崇拝に近い考え方に親しみを覚えるのはむしろ当然のことなのかもしれない。神道や仏教には一神教の持っているような強烈なエネルギーには欠けるかもしれないが、現実離れした、いかにもと思わせるような技巧的な要素は希薄だ。なによりも素朴で自然な感じがこちらの人々に訴えかけるものがあるのかもしれない。

七月二十五日　リュブリャナ

雨は止んだが、今にもまた降りだしそうな天候なので滞在を一日延期し、モラフスケ・トプリツェの宿の予約も一日遅らせてもらう。

気温が下がり、寒さを感じるほどになったので長ズボンに替える。

ミンとピーターの出発を見送った後、広い部屋で話し相手もなしに過ごすのも少しつらい。

旅に出ると時の流れが、いつもとは違っているような感じがする。ほんの数日前の体験さえもずっと以前の出来事のような感覚になってしまう。普段は変化に乏しい毎日に慣れきっているので旅先で非日常的な体験を繰り返すことが時間の密度を濃くしているためなのかもしれない。

七月二十六日　リュブリャナ～モラフスケ・トプリツェ

走行距離　一〇八・四キロ　　累計　一七〇〇・二キロ

朝八時に出発。雨が降っているのが気にかかる。

今日の目的地は、ハンガリーとの国境に近い町なのでかなり距離がある。うまくたどり着けるか心配だが、頑張るしかない。

走りだしたとたんに道がわからなくなり、道を尋ねたりしながら進む。リュブリャナに来るまでの寂しげな風景が一変して、道路のそばには民家が目立つ。地形の関係で比較的ボラの影響が少ないためのようだ。谷間の道を上り下りしながら進む。

昼ごろになってもあまり距離が伸びないので焦りだす。時間がたつにつれて走るのも力が入ってくる。とにかく今日中に宿に着かなければならない。まともに休む暇もない。スロヴェンスカ・ビストリツァを通って、プトゥイという町に着く。しかし、いくら走り続けても目的地はまだ先だ。

山の中を進んだ後、道が平坦になってほっとする。しかし、しばらく走るとまた山道が始まる。夕暮れが迫ってきて、雨となる。ところがいつまで待っても雨が止まない。それでも雨宿りを繰り返しながら、山の中を走り続けているうちに、とうとう夜になる。

リュトメルという町に着くが、道を尋ねようにも人影がない。もともと昼間でも閑散とした田舎町では、午後九時を過ぎてしまえば人が見当たらないのも当たり前だ。

心細くなりながら、ひっそりと静まり返った商店街を走っていると一軒だけ明かりのついた家がある。肥った中年の男性がひとりで店番をしているパン屋だ。さっそく飛び込んで道を尋ねる。

「ここからはあと二七キロだよ。ムルスカ・ソボタという町があるから、そこを通って行った方がいいよ」主人はしばらく考えて答える。少し手応えが出てきたので元気づく。その後、主人はパンをいくつか紙袋に入れて渡してくれる。代金を払おうとするが受け取ろうとしない。お礼を言って出発。もうへとへとの状態なのでやさしい心遣いがありがたい。

雨に濡れそぼった、ひなびた町並みがかすかな街灯の光を反射して闇の中に浮かび上がる。そのうち、また雨が降りだしたので雨宿り。冷たい雨の降る夜に人っ子一人見当たらない田舎町に一人だけ取り残されていると孤独感がひたひたと襲ってくる。

町外れになるともう一面真っ暗闇だ。闇の中を自転車のライトだけを頼りに走るのは、さすがに心細い。事故に巻き込まれないようにスピードを落とし、必死に前方を凝視しながら走り続ける。時折、対向車のライトで辺りが明るくなると一瞬救われた気分になる。そのうち広い道に出る。真夜中なのにまだ開いているガソリンスタンドがある。さっそく飛び込んで道を尋ねると目指す宿は近くらしい。

勢いづいて、しばらく走ると道路脇の薄暗がりの中にテーブルを囲んで談笑しているグループがいるのに気づく。飲み屋のテラス席に七、八人の男たちが坐っている。

「この近くのユースを探してるんですが」

「ここだよ」男の一人が目の前の二階建てを指差す。

なんとユースはこの飲み屋と同じ建物で入り口は反対側にあるらしい。入り口を確認すると閉まっている。しかし、これでなんとか宿に着いたという安心感から男たちの間に坐ってさっそくビールを注文する。

「もう閉店したよ」肥った中年の女性店員が無愛想に答える。

「いいから、飲ませてやれよ」座の中心にいた四十歳くらいの男が命令口調になる。どうやらこの男がこの店のオーナーらしい。

テーブルの周りに坐っている男たちを見回すと皆三十代くらいで少し不良っぽい感じの連中だ。

「ここはもうお開きだ。ホテルならすぐそばにあるから、そこへ行けよ。ここにそのまま一人で残ることは許さんからな」

ビールを飲み終わってしばらくした時、リーダー格の男が言い放つ。

別に室内に留まるわけでもないのに用が済んだらとっとと出て行けといわんばかりの言い方にさすがにあっけにとられる。連中が一様に漂わせている冷ややかさに戸惑っているうちに、スロベニアへの入国当日に宿泊を断られたことやミンの言葉が頭をよぎる。

七月二十七日　モラフスケ・トプリツェ

連中が去った後、ユースの玄関に戻ってみるがドアはやはり閉まったままだ。中に人がいる気配もない。別の入り口を探しながら建物の周りを回ってみるが、他のドアも閉まっている。玄関のガラス戸に電話番号が表示されているのに気づくが、携帯電話がないのでなす術がない。途方に暮れながら、思案しているとすぐそばの交差点の辺りに一組の若い男女が立っているのに気づく。

彼らに近づき「あのユースを予約していたんだけど入り口が閉まっていて困ってるんだけど」と話しかける。二人はユースの入り口が閉まっているのを確かめた後、携帯電話でユースに電話してくれるが応答がない。

「この先にホテルがあるから、そこまで連れていってあげるよ」

三人で雨上がりの静まり返った住宅街をしばらく歩くと大型のホテルが現れる。豪華な新しいホテルだ。女性がフロントの担当者に部屋の様子を尋ねてくれるが満室。

宿を探し回って、運よく見つかっても、それからすんなりと寝つけるかどうかはわからない。しばらく我慢すれば間もなく朝になる。もういいやという気持ちになって、二人に礼を言って別れる。嫌な思いをしたばかりなので、その直後に親切にされるとさすがに気分が和らぐ。

ユースに戻り、もう一度ドアを確認するが、やはり閉じたままだ。取りあえず、朝まで待てばなんとかなるはずだ。

すぐそばのバス停のベンチで休むことにする。真夏といっても雨で気温が下がったせいもあって、短パンにポロシャツでは寒すぎる。長ズボンにはき替え、パーカーを着て、フードをかぶる。これでなんとか寒さはしのげそうだ。木のベンチに横たわって、時が過ぎるのを待つ。

山道に苦しみ、雨にたたられながら、二〇〇キロも走ったあげくに固いベンチの上で野宿するはめになってしまい、さすがに情けなくなる。

ホテルを探してくれたカップル

午前四時、寒さがきつくなってきて、じっとしているのがつらくなる。起き上がって、ユースの辺りを歩き回る。そのうち空が白み始めるが、辺りは住宅街だから通る人もいない。

午前六時ごろになって、ユースの前に立っていると突然窓が開く。中に人がいたのに驚く。顔を出してきた男性に声をかけると宿泊者らしい。英語が通じない。相手は呼び鈴を押せと言っているらしい。あわてて、呼び鈴を押すと別の窓が開いて、管理人らしい男が顔を出す。

「昨日、深夜に着いて、だれもいなくて困っていたんだよ」

「昨日は、十一時ごろまで待ってたんだけど、いつまで待ってもチェクインしないから外出してたんだ」と無表情のままで謝ろうともしない。

いくら到着が遅れたとしても予約はしていたわけだから、そのままにして外出してしまうとはとその無責任さに怒りが込み上げてくる。しかし、とにかく今は一刻も早く休みたい一心なので怒るわけにもいかず、そのまま部屋に入れてもらう。ベッドが三つある狭い部屋に一人だけだ。三十代の夫婦が管理人か経営者らしい。ユースといっても普通の民家みたいな所だから、夫婦の自宅に民宿させてもらっているようなものだ。さっそくシャワーを浴び、そのままベッドに横たわる。

昼近くまで寝て、近くのスーパーで液体ヨーグルト、パン、サラミなどを買う。

最初はこの町で温泉にでもゆっくり漬かるつもりだったのだが、長距離を走って疲労困憊の状態。おまけにバーの連中に冷たくあしらわれたり、野宿したりで町の中をのんびり散策する気にもなれない。夕方になっても出かけるのはスーパーだけ。トマト、バナナ、ビールなどを買って帰り、ひたすらベッドで眠る。

七月二十八日　モラフスケ・トプリツェ

気温が上昇する。どうやらボラも収まりつつあるようだ。しかし、疲れがとれないので今日も休養日にする。

ユースのパソコンで次の目的地ハンガリーの地図を眺めながら、走行ルートを検討して過ごす。時折、この家の夫婦とも顔を合わせるが、無愛想そのものでとても話をする気にもなれない。食事はスーパーで買ったパンやサラミなどで済ませることにして、相変わらず、町を散策する気が起きない。

ユースの反対側にあるバーからは、朝からビールを飲みながら雑談している客たちの声が飛び込んでくる。娯楽に乏しいためなのだろうが、皆話すのに夢中だ。他にやることがないのだろうかとつい思ってしまう。

スロベニアに来て、戸惑ったのはやはり言葉の問題だ。スロベニア語は耳で聴いても、文字を見てもまったく理解できない。とにかく、およその見当さえつかない。旅行者にとっては、なんともやっかいな言語だ。それでもこちらには英語やイタリア語が普通に通じるのはありがたい。スロベニア語と英語とでは言語的にかなりの隔たりがあるはずなのに人々が一応マスターしているらしいのには驚かされる。

七月二十九日　モラフスケ・トプリツェ～ヘヴィーズ

走行距離　一〇三・五キロ　　累計　一八〇三・七キロ

朝七時すぎにユースを出発。周りには畑や林、小さな集落しかない。

開いているバーがあったので道を尋ねる。日曜日ということもあってか、まだ朝の八時前というのに店内はビールを飲みながら、雑談に興じる客でいっぱいだ。

第六章　ハンガリー　バラトン湖の岸辺

いよいよ国境だ。国境の検問が廃止されて、今は使われなくなった入管の建物の前を通過する。国境の辺りは閑散として、建物もあまり見かけない。

ハンガリーに入国してまずやらなければならないのは、現地通貨フォリントの入手だ。両替商の建物を見かけるが、交換レートが悪そうなので少し先のレンティーという町で入手することにする。レンティーに着き、さっそく通行人にATMの場所を尋ねると、ここでも人の表情が固くてぎこちない。あまり外国人には慣れてないらしい。やはりイタリア人とは印象が違う。

ATMを見つけてカードを機械に入れる。緊張しながら、操作して、なんとか引き出しに成功。合計十万フォリントを手に入れて安堵の胸をなでおろす。いかにも多額そうだが、日本円で三万円ほどしかない。それでも金持ちになった気分。

東に向けて、七十五号線を進む。周りは田舎の風景が広がる。最初は平坦だった道路も次第に起伏が多くなる。ハンガリーは山が少ないというイメージがあったので少し戸惑いながら進む。疲れが取

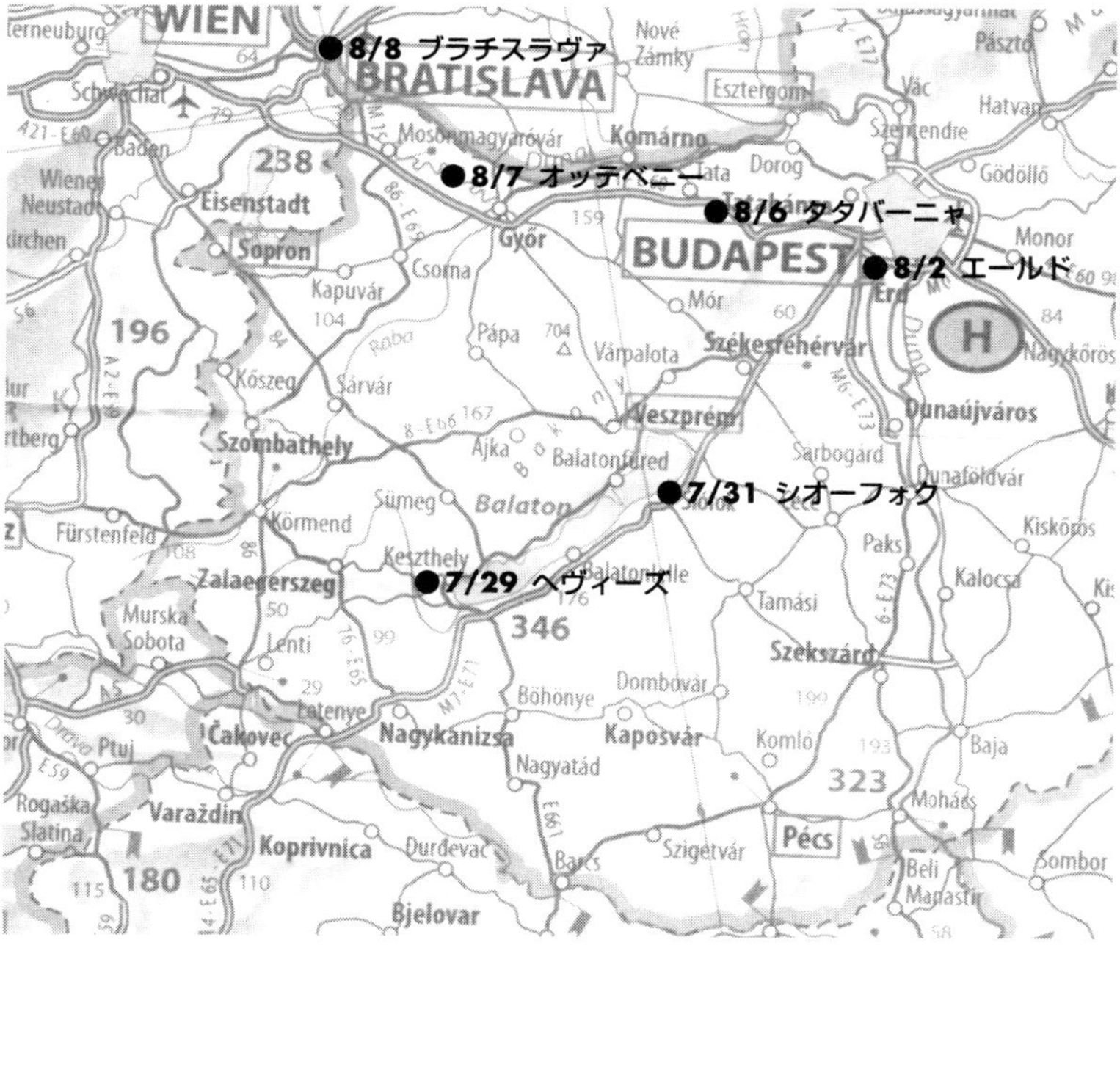
●8/8 ブラチスラヴァ
●8/7 オッテベニー
●8/6 タタバーニャ
●8/2 エールド
●7/31 シオーフォク
●7/29 ヘヴィーズ
WIEN
BRATISLAVA
BUDAPEST
H
Győr
Komárno
Esztergom
Eisenstadt
Sopron
Kapuvár
Csorna
Pápa
Várpalota
Székesfehérvár
Veszprém
Balatonfüred
Balaton
Kőszeg
Sárvár
Szombathely
Körmend
Sümeg
Keszthely
Zalaegerszeg
Dunaújváros
Paks
Kalocsa
Kiskőrös
Tamási
Szekszárd
Dombóvár
Kaposvár
Nagykanizsa
Nagyatád
Komló
Baja
Mohács
Pécs
Szigetvár
Barcs
Varaždin
Koprivnica
Čakovec
Bjelovar
Sombor
Ptuj
Mosonmagyaróvár
Dorog
Vác
Hatvan
Gödöllő
Monor
Nagykőrös
Fürstenfeld
Murska Sobota
Lenti
Letenye
Böhönye
Đurđevac

れきってない上に湿度が高すぎて、走るのがつらい。

道路脇には樹木や雑草が生い茂っているが、なにか少し変。虫の声がしないのだ。イタリアはセミの声がやたらにうるさかったが、ここにはセミがいないらしい。真夏の日本では自然に接するとセミやキリギリスなどの虫の鳴き声に囲まれるのが当たり前なので少し不思議な感覚がする。それでも、じっと耳を傾けてみると聴きとれないほどの低い音でかすかに虫の鳴き声がしている。

そのうち雨が降りだす。雨宿りを繰り返しながら走る。やがて家を見かけるようになる。小さな町に着いたようだ。祭りが開かれるらしく、町外れの広場にはいくつもの露店が並んでいる。周りには、露店商らしい二十人ほどの中年の男女が、準備を終えて、あとは人が集まるのを待つばかりといった様子でベンチに坐っている。

売り物の赤や青、ピンクなどのきらきら輝く、プラスチックやビニール製の玩具が台の上に溢れている。

「写真撮ってもいい？」とその中の一人に声をかけると、無言のままでうなづく。皆押し黙り、無表情のまま、こちらが写真を撮るのを眺めている。辺りは祭りのはなやいだ雰囲気とは無縁の不思議な静けさに包まれている。だれもが放心しきったような、自分が周囲のすべてのものから無視され、見放されてしまっていることを自覚しているような雰囲気をにじませている。自分の存在を極小にして、周囲の背景の中に自分を隠そうとする術を経験的に身につけた人々。

ハンガリー出身の作家アゴタ・クリストフのハンガリー時代の思い出をつづった文章の中に、居酒屋ではジプシーたちが口にしたグラスをだれも使わなかったという一節があったことを突然思い出す。この人たちの姿が文中のジプシーのイメージと重なり合うのを感じる。中欧はジプシーとも呼ばれるロマの人たちがとくに多く住んでいる地域だ。

無言のまま、なにかを訴えられたような気がしてきて、心の片隅に重いものを感じながら広場を去る。

小さな町に入り、見つけたカフェテリアに入る。日曜日で食物らしいものがなにもない。仕方なく、カウンターでケーキを食べているとこちらが日本人と知った店員がスマートフォンで画像を見せてくれる。

「この女性は日本人のガールフレンドだよ。ここで英語を教えていて、今はアメリカに留学中なんだ」

ハンガリーの片田舎にもこんな日本人がいるのを知ってさすがに驚く。

さらに東のケストヘイに向けて走る。ハンガリーの西部には中欧では最大の湖バラトンがある。ケストヘイはバラトン湖の西岸近くにある町だ。ケストヘイに近づいた辺りで道を尋ねるとヘヴィーズという町を通らないと行けないとのこと。予定を変更してヘヴィーズで宿を探すことにする。

ヘヴィーズに着く。温泉のある町でホテルや民宿みたいな建物が並んでいる、結構大きな保養地らしい。以前調べておいたユースをなんとか見つける。建物の玄関が閉まっているので建物の裏に回って声をかける。

三階の窓から中年の男性が顔を出し、「事前に予約はしてる？」と少し居丈高な調子で問い返してくる。

「自転車旅行をしてるんで予約してないんですが」

「知らないね」男はそっぽを向いてしまう。

「自転車で一〇〇キロ走ってきたんで一泊お願いしたいんだけど」あっけにとられながらも繰り返し頼み込むが、男は傲然と遠くを見るだけ。

またもや、ここでも人々の冷淡さを味わわされる。この宿をあきらめて、他の宿を探すことにする。ここは真夏の保養地でしかも今日は日曜日だ。それにもう夕方になって空模様も怪しくなってきた。ただでさえ宿泊先を見つけるのは大変なはずなので少し焦りだす。もう考えている暇もない。さっそく、そばのホテルに飛び込む。なんとか部屋があったので安堵の胸をなでおろす。結構新しいホテルで部屋も清潔だ。

近くに観光客を目当てにしたような、大きなモールがあったのでそこのレストランでポークソテーにフライドポテト、ビールで夕食。食事をしている間に大雨となる。今日は間一髪で助かった。

七月三十日　ヘヴィーズ

このところ、少し無茶な走り方をしてきたので、疲れがたまっているようだ。天候が芳しくないのでもう一泊することにする。

今日は休養日なので、朝からのんびりとテレビのオリンピック中継を観る。画面に日本人選手が現れるとやはり興奮する。

食事のために外出する。気温は低めで空には秋を思わせるような細かい雲が広がっている。辺りを歩いているのは保養にやって来たような人たちばかりだ。ステーキを食べる。大きくて、柔らかいが、大味。普段は野菜類をあまり食べてないのでスーパーでトマトを買って帰る。

バラトン湖で水遊びする人々

七月三十一日　ヘヴィーズ〜シオーフォク

走行距離　九〇・三キロ　累計　一八九四・〇キロ

朝八時にホテルを出発。これから向かうバラトン湖は東西が八〇キロ、南北が一二キロほどの細長い形をしている。首都のブタペストはこの湖から一三〇キロ北東になる。今日はまずバラトン湖の西岸に近づき、そこから南岸沿いを北東に向かう。

高台になっている辺りからバラトン湖に向かって、長い坂道を下る。小雨が降りだす。晴れ間が見えず、気温も二十二、三度ほど。湖の南岸は首都のブタペストに近いこともあってか、一帯には住宅地が広がっている。

湖岸には東のブタペストに向かう単線の鉄道と国道が走っていて、これに沿うようにして街路樹の並ぶ道路が伸びている。人通りのない、静かな並木道をのんびりと自転車で走る。

昼すぎから、少し晴れ間がのぞき始める。ハンガリーはよほど土地に恵まれているらしく、日本に比べると庭が広く、家もかなり大きめだ。畑も休耕地のまま放置されているところが目立つ。

夕方になって、シオーフォクに着く。ここもバラトン湖岸のリゾート地だ。こちらでは夏は湖で泳ぐのが最大の娯楽らしく、湖岸にはこのような町が至る所に点在している。

宿を見つけて女主人に宿泊を申し込むと「予約はしていた?」と聞かれ、予約してないことを伝えると首を横に振る。空室があるらしいのだが、またもや宿泊拒否だ。事前に予約してなくても空室があれば泊めてくれるのが普通のはずだが、ハンガリーはどうも勝手が違う。人種差別を受けているらしいとも感じるが、こちらの人々の冷淡さはもうあきらめるしかない。

別の宿を探し回って静かな住宅街の中のペンションを見つける。木陰のそばのバンガロー風の部屋だ。

八月一日　シオーフォク

建物は少し古いが、母屋から離れていて、木立のそばなので開放感があって、やたらに落ち着く部屋だ。女主人も親切な人なので今日は休養日にする。

昼近くまで寝て過ごし、その後は湖岸に向かう。ホテルや土産物店の並ぶ一角を通り抜けると眼前にバラトン湖が現れる。対岸がはるか遠くに見える広大な湖だ。ハンガリーには海がないこともあって、ハンガリーの人たちはこのバラトン湖をハンガリー海と呼んでいるらしい。ヨットが浮かび、水と戯れる人たちでいっぱい。

レストランでは相変わらず、いくらメニューを見ても料理の見当もつかないので無難にステーキにする。

トルコから帰る途中のドイツ人や旧ユーゴの学生たちと話をしたりしたこともあって、このところ行き先を変更してみようかという気持ちを抑えきれないでいる。イスタンブールまで行くか、それが無理ならせめてセルビア辺りまで行ってみようかと考え続け、地図と首っ引きで過ごす。女主人にも相談したりしたが、変更した場合には帰国がかなり遅れることもあって結局断念。

八月二日　シオーフォク～エールド

走行距離　一二〇・六キロ　　累計　二〇一四・六キロ

朝、宿を出発。道が平坦なので快調に走る。延々と住宅地が続く。バラトン湖のほとりを離れて、北東のブダペストに向けて走る。そのうち、いつの間にか違う方向に走っていたので、あわてて引き返す。

畑の広がる辺りで道に迷い、スイカ売りの露店で道を教えてもらって、走っているとまたいつの間にかその店の前に戻ってくる。方向音痴が治らない。

北東に走り続け、ハンガリーで三番目の大きさの湖ヴェレンツェのほとりにあるガールドニを通り過ぎて、しばらく走っていると、中年男性から「ここからブタペストまでは四〇キロくらいだよ。途中まで一緒に行こうよ」ということになって男性の自転車の後について走る。

その男性と別れて走り続けていると、やはり自転車に乗った中年の男性から呼び止められる。男性はほとんど英語が話せないので単語を並べるだけのやりとり。

それでも、こちらがホテルを探しているのを知ると男性がホテルに連れていってくれることになる。またもや、自転車の後ろを走る。

男性の自転車の荷台には煙突掃除用のブラシが載せてある。この辺りの家にはたいてい煙突が一、二本立っているので煙突掃除の仕事をしているらしい。五キロほど走るとエールドという町の新しいホテルの前に着く。さっそく宿泊を申し込み、部屋が取れたので一安心。

その後は男性とテラス席に坐って、ビールを飲みながら、身ぶり手ぶりの雑談となる。メガネをかけたやせ型の男性は、職人らしくいかにも朴訥な感じがする。

ローマから自転車で走ってきたと話すとさすがにびっくりされる。

「年はいくつなの?」と男性が聞いてくる。

「いくつに見える?」

「五十一歳?」

うれしさのあまり、ここでもまたもやうなずいてしまう。

エールドはブタペストの首都圏に位置する町なので明日はプダペストに向かうことにする。

八月三日　エールド

今日はブタペストのホテルに移ることにしていたのだが、フロントで話をしてみると道路の交通量が多くて、自転車でブタペストまで行くのは大変とのこと。ブタペストまでは二〇キロほどしかないし、すぐ近くにエールドの駅があるので、このホテルにしばらく滞在して、ブタペストまで電車で通うことにする。

部屋は新しくて立派だが、困るのは蚊が多いことだ。冷房がないので窓を開けておくしかないためだ。フロントの女性に「蚊が多いね」と言うと「ハンガリーはもともと蚊が多いのよ」湖沼が多い国なので蚊が多いのは当たり前みたいな顔をされただけ。

午前中はテレビでオリンピックを観戦して、午後からブタペストに行くため駅まで歩く。

スロベニアでもそうだったが、ハンガリーで困るのは言葉がやたらに難しいことだ。ハンガリー語は世界一難解な言語という説もあるくらいだから相当なものだ。とにかく、綴りを見ただけではどう発音すればいいのか見当もつかない。発音もちょっと耳にしただけではとても真似できそうもない。駅の窓口でキップを買おうにも駅名が発音ができないので、あらかじめ駅名をメモしておいてそれを見せるしかない。

駅には改札口にもホームにも駅員がいない。電車に乗ってしばらくすると車掌が検札にやってくる。丸刈りで鼻下にヒゲをたくわえた男だ。隣に坐っていた中年男性がキップを渡すと、車掌がしばらくそれを眺めた後、言い合いになる。車掌はキップが無効だと言っているらしいが、男性も言い返す。お互いに引かずにやり合っていたが、男性はとうとう次の駅で降ろされてしまった。

ブタペストで地下鉄に乗り換える。地下に降りるエスカレーターの長さと傾斜の急角度なことに度肝を抜かれる。日本では考えられないような設計だ。足でも踏み外そうものなら、大怪我しそうで緊張する。

ブタペストはドナウ川を挟んで王宮や要塞のあるブダ地区と平坦で商業の盛んなペシェット地区に分かれている。もともと別の都市だったものが合併されて発展してきた町だ。

オーストリア＝ハンガリー帝国を代表する都市として繁栄した歴史を持つだけあって、ドナウ川の両岸には歴史を感じさせる壮麗な大建築物が立ち並ぶ。ドナウ川を挟んだ一帯を見物しながら歩き回る。

夜はエールドに戻り、ホテルのそばのレストランでステーキの食事。目の前のテーブルで大きなワイングラスで何杯も飲み重ねていたカップルは飲み終わると平然と車で去っていった。

なにせ、瓶ビールをラッパ飲みしながら車の運転をしている男を見かけるくらいだから、飲酒にはかなり寛容な国らしい。

八月四日　エールド

今日も午前中はテレビでオリンピック観戦をして、午後は電車でブタペストへ行く。ブタペストの地下鉄乗り場では駅員が二人づつで出入りを監視している。その真剣な顔つきからするとかなり不正乗車が多いらしい。

ハンガリーは温泉で有名な国なので橋を渡った所にあるルカーチ温泉に行く。ここは由緒のある温泉施設らしいが、古ぼけていて、いかにも殺風景な雰囲気。日本の温泉宿のような情緒はどこにもない。

入浴料の二九〇〇フォリントを払って、中に入る。内部の表示がハンガリー語なのでどこをどう行けばいいのかわからない。うろうろしながら、やっとのことで有料のタオルと水着を借りて、浴室に向かう。ところが、これまたいくつもの部屋に分かれている。右往左往しながら、なんとか浴室を見つける。

薄暗くて、天井の低いタイル張りの部屋に一五メートルほどの細長い浴槽がある。そこに漬かってみると日本では考えられないほどのぬるさ。

入浴客たちは、女性は女同士でおしゃべりしながら、男性は一人でじっと湯に漬かっている。野球帽をかぶったままの男性もいる。いかにも湯治目的でやってきたらしい中高年の人たちばかり。やや水温が高めの浴槽があったのでそちらに移るが、それでも日本に比べればかなりの低めの温度だ。物足りなさを感じながら、しばらく湯に漬かっていると、そのうち次第に体が熱くなってくる。

八月五日　エールド

今日も午後から、電車でブタペストに行く。ドナウ川の周辺を散策して回るが、自転車とは勝手が違ってやはり疲れる。

夜はホテルのそばのレストランでポークソテーを食べる。ハンガリー語のメニューでは料理が見当もつかないし、味付けも違うので食べるものが考えつかない。そんなわけで、このところ毎日無難な肉類ばかりなのだが、これにはいつも山盛りのポテトやオニオンのフライの付け合せがつく。これが、とにかく日本人の感覚では考えられないほどの量の多さ。ハンガリーでは、時折とんでもなく肥満した人を見かけるが、実際、平均寿命もそれほど長くない国らしい。飲酒も野放しの様子で、おまけに普段こんな料理を食べていたらそれも当然の結果かもしれない。

このレストランではソフトクリームも売っているのだが、客がひっきりなしに現れる。それも男性が多い。中年男性がおいしそうにソフトクリームを食べている光景は日本ではあまり見かけない。やはり体質がかなり違うようだ。

八月六日　エールド～タタバーニャ

走行距離　五二・七キロ　　累計　二〇六七・三キロ

朝八時にホテルを出発。これまで東に向けて走っていたのだが、これからはハンガリーを流れるドナウ川に沿うようにして、その上流のスロバキア、オーストリア、ドイツに向けて走ることになる。最終の目的地アムステルダムに徐々に近づいていくので心が少し軽くなるような感じがする。

今日はすさまじい暑さ。四十度くらいはありそうだ。国道一号線を進むが、猛烈な暑さに耐えきれなくなり、道路脇の木陰で休憩。疲労が激しいので寝転がる。行き倒れと勘違いされても困るので片足をひざの上にのせた姿勢で休む。ところが案の定、しばらくすると車が止まり「大丈夫か？」と心配そうに声をかけてくる。とにかく尋常ではない暑さなので道路脇にころがっていれば心配されるのも無理はない。休むのは止めて、仕方なくまた走りだす。暑さに苦しみながら国道を進み、そのうちその隣の小さな道路に移る。ライトバンのパン屋があったので菓子パン、ミネラルウォーターなどを買い、一休み。

走る気をなくしてしまい、宿を探すつもりでレストランの前で地図を眺めているとそこで働いている若い女性から声をかけられる。しばらく話しているうちにこのレストランにはホテルもあるのがわかったので、さっそく投宿。家族でやっている店で女性はここの娘らしい。

テラス席のそばを通り過ぎるとバンガロー風の客室がいくつか並んでいる。新しい木造りの客室は心がなごむ。

さっそくシャワーを浴びてベッドに寝転ぶ。あまりの暑さに一時は疲労困憊の状態だったのだが、息を吹き返した感じで気分は爽快。

夕食は女性に勧められたビーフシチューとハンガリー風の少し辛めのパスタ。食事をしているとスズメがテーブルの上にやって来て遊んだりする。日本のよりもスマートで茶色の部分が少し薄い感じのするスズメであまり人をおそれない。

ホテルの周りの静かな住宅街を散策する。どの家にも芝生や木立のある広々した庭があるのがうらやましい。

八月七日　タタバーニャ～オッテベニー

走行距離　八三・二キロ　　累計　二一五〇・五キロ

朝八時すぎに出発。近くのタタという町まで行き、そこからは交通量の少ない道を選んで進む。ジェールという大きな町を通り過ぎ、
安ホテルを探しながら進む。しかし、なかなか宿が見つからない。

オッテベニーというのんびりした雰囲気の小さな町でカフェテリアに入り、飲み物を飲みながら、ホテルの場所を尋ねるとその主人は店の外に出て「あの家がペンションだよ」とそばの家を指差す。広い敷地に建っている一軒家だ。出向いて、そこの主人と交渉すると三〇〇〇フォリントという安さ。さっそく泊まることにする。この主人は本業が大工とのことで、息子と二人で同じ敷地にもう一軒の家を新築中だ。

建築中の家を見せてもらうと中身が空洞になっているレンガを積み重ねて壁を造っている最中だ。このやり方だと素人でも簡単に家が建てられそうだ。

近くの食料品店で明日の朝食のパン、液体ヨーグルト、ミネラルウォーターなどを買って、レストランで夕食。ビールに豚肉の料理で一八五〇フォリント。これまた安い。

先ほどのカフェテリアに戻り、一人の先客と主人との三人で雑談。レストランのウェイトレスにも英語がまったく通じなかったが、この二人も英語がほとんど話せない。仕方なく、身ぶり手ぶりをしながらの会話だ。スロベニアとちがってハンガリーは英語が苦手な人が多そうだ。

「ここまで自転車でどうやって来たの?」と尋ねられたので、地図で走ってきた経路を説明してやると「さすが日本人だな」二人は顔を見合わせながらうなずく。

「ハンガリーでは日本車がやたらに目立つね」

「ハンガリーには日本車メーカーの工場があるからね。日本車は多いよ」

こちらでは車は必需品のはずだが、これほど通貨が安いとなるとガソリン代も相当な負担になるはずだ。住宅が安い分バランスが取れているのかもしれない。

この町はオーストリアとの国境からもそれほど離れていないので、もとは社会主義国だったとはいえ、雰囲気も少し開放的な感じがする。

八月八日　オッテベニー～ブラチスラヴァ

走行距離　六二一・五キロ　累計　一二二一三・〇キロ

昨日買っておいたパンなどで朝食を済ませて出発。国道に出ると国境に近づいているせいか、車が少なくて快適。気温は二十二、三度ほど。三〇キロほど走って、町角の両替屋で昼食分を除いて、使い残した九万フォリントほどをユーロに交換。髪が伸びていたので理髪店を探すが、看板の字が読めないのであきらめる。

昼食の後、国道百五十号線をさらに進み、ライカという町で小銭をかき集めて、アイスクリーム、ソフトドリンクの大型ボトルを買って、スロバキアとの国境に向かう。

第七章　スロバキア　水草と遊ぶ白鳥たち

廃屋になっている入管の建物の前を通過して、スロバキアに入国。しばらく走っていると川の両岸に自転車道があるのを見つける。川幅が七、八メートルほどのドナウ川の支流だ。両岸は緑に覆われた土手になっていて、川には、水草が生い茂り、澄みきった流れに身を委ねて、ゆらゆらとそよいでいる。川岸を覆うように生えている草むらに半ば身を隠すようにしながら、ゆったりと泳ぐ白鳥たちの姿の美しいこと。眺めているだけでも心が洗われる。出会った生き物たちに心を寄せるような気分になってくるのは、一人旅をしているためだろうか。

この見事な自転車道を走り続け、スロバキアの首都ブラチスラヴァに着く。あらかじめ調べておいた宿を探しながら町の中心部を進む。人ごみの中で前から歩いてきた六十代の男性に場所を尋ねる。

「そこまで連れていってあげるよ」

一緒に話しながら歩き始めると男性は脇に抱えていた角封筒の中から束になっているものを取り出して見せてくれる。日本の風景の写真だ。

8/10 ウィーン
8/8 ブラチスラヴァ
WIEN
BRATISLAVA
BUDAPEST
Hollabrunn
Stockerau
Schwechat
Baden
Eisenstadt
Sopron
Trnava
Pezinok
Nitra
Galanta
Nové Zámky
Levice
Esztergom
Komárno
Mosonmagyaróvár
Győr
Csorna
Kapuvár
Tata
Dorog
Tatabánya
Vác
Szentendre
Hatvan
Gödöllő
Monor
Balassagyarmat
Szécsény
Mór
Székesfehérvár
Várpalota
Veszprém
Pápa
Sárvár
Kőszeg
Szombathely
Körmend
Fürstenfeld
Zalaegerszeg
Keszthely
Balaton
Balatonfüred
Siófok
Balatonlelle
Sümeg
Ajka
Tamási
Cece
Sárbogárd
Dunaújváros
Dunaföldvár
Paks
Kalocsa
Kiskőrös
Szekszárd
Lenti
Murska Sobota
Érd
H
111
321
238
196
346

「えっ、日本に行ったことがあるの？」

男性は大きくうなずく。しばらく進むと古ぼけた建物に着く。雑居ビルの中の安宿だ。いかにも狭苦しくて、あまり雰囲気がいい宿には見えない。宿泊を申し込み、ラウンジで男性とビールを飲みながら雑談となる。

「ウィーンの街角でギターを弾いていたら小沢征爾から話しかけられてね。そのうち親しくなって、松本市でのサイトウ・キネン・フェスティバルのコンサートに招かれて演奏したことがあるんだよ」

とその時の写真や新聞の切り抜きを見せながら語る。

男性は昔は俳優をやっていたとのことで、映画に出演していた当時の写真も取りだす。暗さはみじんも感じさせないが、人生の変転を味わってきたらしい男性の昔話をしばらく聞いて過ごす。

男性を見送って部屋に入る。狭い部屋に二段ベッドが三組で、少し窮屈な感じだ。先客の一人にパッサウからトルコまで自転車旅行中のドイツ人の学生がいる。同じ自転車旅行をしていることもあって話が弾む。しかし、青年の英語のドイツ語なまりがひどくてやたらに聞きづらい。ドイツ人は英語がうまいという先入観があったのだが、例外もあるらしい。

あごひげを生やし、ステッキをついている四十歳くらいのイギリス人がいる。ブタペストでのローリング・ストーンズのコンサートに行く途中の音楽ファン。スコットランドの近くに住んでいるとのこと。そのためだろうか、これまたなまりがひどくて、やたら聞きづらい英語を話す。リュブリャナで同室だったアメリカ人男性と同じで、この男性も相手の英語のレベルに合わせて話したりする気遣いがまったくない。まるでこちらをネイティブ扱いにして話すので閉口。

ラウンジでアニマルズの「朝日のあたる家」が流れていたので「アニマルズは知ってる？」と尋ねてみる。

「もちろんさ。でも、あのころのバンドではなんといってもビートルズだよ。ポールが好きでね」と男性は肩に彫られたポールの綴りの刺青を見せながら答える。

そのうち、アニマルズを聴いて過ごした十代のころを思い出し、「あれから、いつの間にか五十年もたってしまったんだ」と時の流れの早さを思い知らされ、しんみりした気分になってしまう。

八月九日　ブラチスラヴァ

ここは町の中心に近いこともあって、町の騒音に包まれ、いかにもマリファナでもやってそうな連中がたむろしている、雑然とした感じの宿だ。一応ユース形式の宿だが、本来のユースとは雰囲気がまったく別物なので、居心地は最悪。

男性たちが出発してしまうと同室者はここを定宿にしているらしい中年女性二人組となる。夜は外出して、明け方に戻ってくるようなどこか得体の知れない連中だ。

その後、男女一組のカップルが新たに加わる。

ずっと他の同室者と会話を交わさないままなので、気詰まりで仕方ない。この種の宿は、狭い部屋に大勢詰め込まれるので同室者の間に会話がない場合は、密室に閉じこめられたような気分になって、部屋にいるのがつらくなるほどだ。

イタリアから走り始めてしばらくは、つらさの余り、旅を断念するかもしれないと本気で心配していたことを思い出す。取りあえず、なんとかここまでやってこられたのでほっとする。

海外を自転車で旅して回りたいという気持ちが芽生えだしたのは、五十代になって始めたサイクリングの魅力にとりつかれてからのことだ。もともと運動が苦手で旅行嫌いだった自分がこうやってつらい旅を続けていることを考えると我ながら不思議としかいいようがない。

中華料理店で食事をする。量が多いだけでまずくて食べるのに四苦八苦。おまけに中国人店員の無愛想なことにうんざり。

町を散策しながらドイツやオーストリアの地図を購入し、観光案内所に出向いて、ずっと気になっていたウィーンに向かう道路を尋ねる。しかし、担当者の説明が要領を得ない。とにかくこの辺りは道路が複雑すぎて、どう進めばいいのかわからず、頭を悩ませ続ける。

しかし、ここでも相変わらず町をのんびりとたむろしている人が多い。さすがにローマやナポリとは大違いの雰囲気だが、それでも休日なのか平日なのかあまりその差を感じない。

八月十日　ブラチスラヴァ〜ウィーン

走行距離　九六・九キロ　　累計　一二三〇九・九キロ

開けっ放しの窓から一晩中、町の喧騒が飛び込んでくる。夜が明けてくると今度は市電の走る音が加わり始める。ほとんど眠れない一夜となってしまった。快適さからはほど遠い宿だったので、午前六時、半ば逃げ出すように出発。

今日は六〇キロほど先のオーストリアのウィーンに向かうのだが、ブラチスラヴァから市外に向かう道路が複雑すぎて、不安でいっぱい。そこで交通の混雑を避けるために早めに出発することにした。

しばらく走ると大型トレーラーが爆走する高速道路みたいな所に入ってしまう。車線変更もできないまま、冷や汗をかきながら走っているとチェコのブルーノの標識のある高速道路に入ったことに気づく。生きた心地もしないまま、次のインターチェンジを見つけて道路から出る。いったん出発した地点まで戻り、道を尋ねたりするが、なんとも要領を得ない答えばかり。仕方なく方位磁石を頼りに進む。

そのうち、ドナウ川沿いに走ればウィーンに行けることに気づいて、あわててドナウ川に向かう。いくらなんでも、こんな簡単なことにも気づかなかったことにさすがに情けなくなる。

走り回って、なんとかドナウ川を見つけ、そばの道路を進み始める。

第八章　オーストリア　ドナウ川に沿って

しばらく走った後、食料品店で黒パンにハムを挟んでもらい、ヨーグルトなどを購入する。店内ではドイツ語が話されていることに気づいて、地図を調べるとここはもうオーストリア領だ。いつの間にか国境を越えてしまっていた。

車が少ないので気楽な気分で走る。オーストリアは山の多い国だが、この辺りは平坦で広大な農地も見かける。ハンガリーに比べると気温が低い気候のせいか、雑草も丈の短いものが目立つ。

ウィーンに向けて走る。

旧市街に近づくにつれ、古くて懐かしい雰囲気が漂い始める。観光客の溢れる市の中心を走り回って、観光案内所を見つけ、ユースの場所を教えてもらう。ところが、いくら探し回ってもユースが見つからない。

結局、前回の旅で滞在したユースに行くことにして、少しずつその場所を思い出しながら、ウィーンの町を進む。

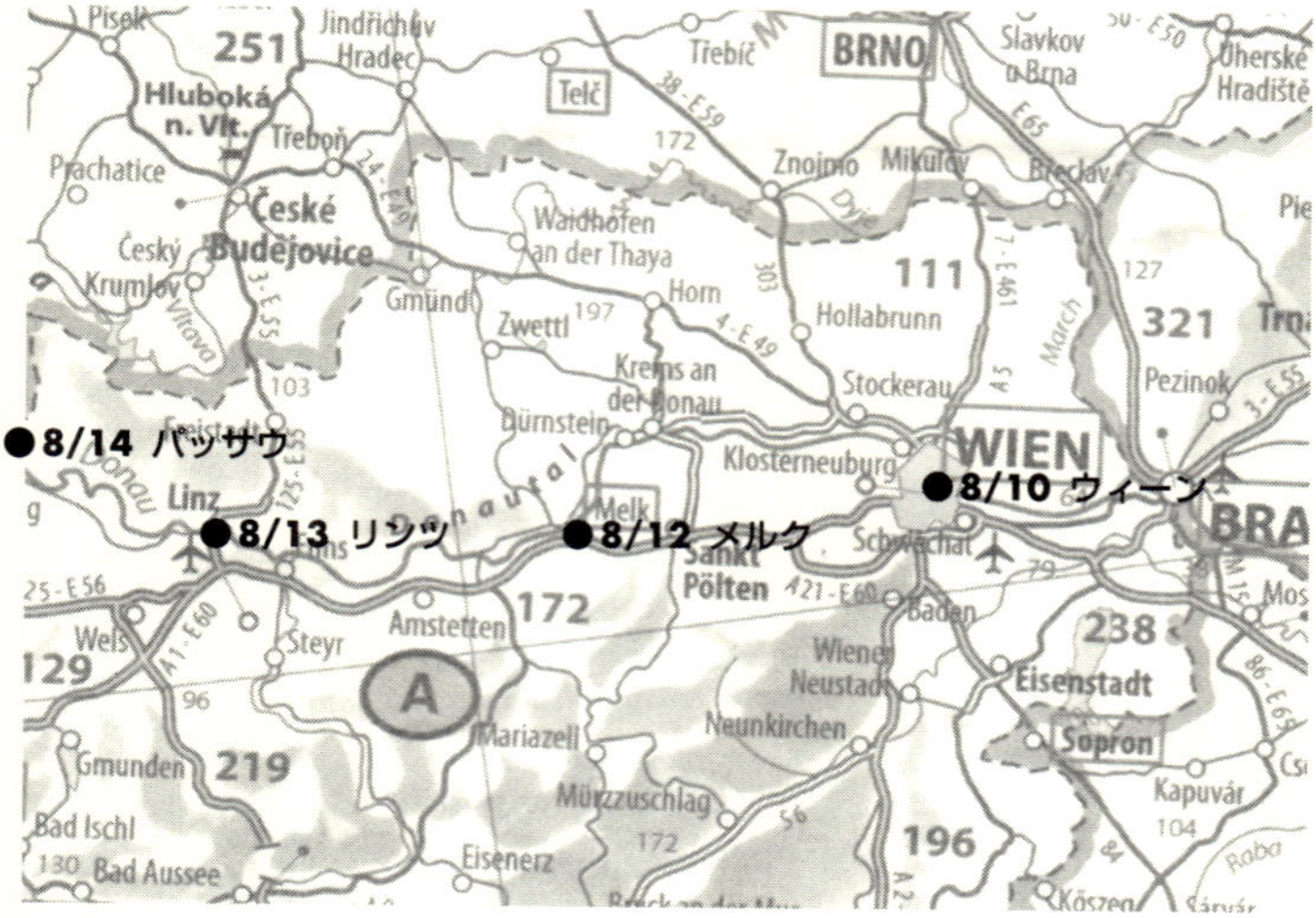
●8/14 パッサウ
●8/13 リンツ
●8/12 メルク
●8/10 ウィーン
BRNO
WIEN
České Budějovice
Hluboká n. Vlt.
Třeboň
Prachatice
Český Krumlov
Jindřichův Hradec
Třebíč
Telč
Slavkov u Brna
Uherské Hradiště
Znojmo
Mikulov
Břeclav
Waidhofen an der Thaya
Gmünd
Zwettl
Horn
Hollabrunn
Krems an der Donau
Dürnstein
Stockerau
Klosterneuburg
Linz
Melk
Sankt Pölten
Schwechat
Amstetten
Steyr
Wels
Pezinok
Baden
Wiener Neustadt
Eisenstadt
Neunkirchen
Sopron
Mariazell
Mürzzuschlag
Gmunden
Bad Ischl
Bad Aussee
Eisenerz
Kapuvár
251
111
321
172
238
129
219
196
A

四年前もユースを探し回って、散々苦労した体験があったのだが、今回もまた同じ目にあってうんざり。観光案内所は旧市街に一ヶ所だけしかない上に警官に尋ねても町の地理には無頓着といった感じ。ウィーンは観光客にはあまり親切な町ではないようだ。

記憶をたどりながらウィーンの西の外れに向かい、前回も歩き回った大通りを見つける。もう着いたようなものだ。自転車を押しながら急な坂道を上り、木立に囲まれた住宅地のそばを通り、思い出の場所にやっとたどり着く。広い芝生の中の建物に向かい、フロントで宿泊を申し込む。担当者と話しているとなんだか様子が変だ。

「ユースは隣ですよ」

間違って、ユースと同じ敷地の高級ホテルの方に入ってしまっていた。やけに立派な建物なので少しおかしいなと思っていたのだが、やはり四年前の記憶はあてにはならない。

あわててユースに向かう。前回と同じ担当者に宿泊を申し込み、なんとか宿泊できたので胸をなでおろす。

八月十一日　ウィーン

空には低い雲が次々と現れて、雨が降り続く。気温も二十度を下回り、肌寒い。今日は休養日なので、なだらかに下向きに傾斜しながら周りのぶどう畑につながっている広い庭の芝生を歩く。丘の上にあるユースなので眼前に広がるウィーンの町の遠景は見飽きることがない。

庭の片隅に咲いているアジサイの一群を見つける。前回ここに滞在した時、日本原産の花が遠い異国の地でひっそりとたたずんでいる姿がなんとも寂しげに感じたことを思い出す。

ここはユースだけあって子供づれも多くて、家庭的で暖かい雰囲気に包まれていて、居心地の良さは格別だ。

昨日間違えて入ってしまった隣の豪華ホテルのロビーにはソファーに坐って読書している若者を見かけたのだが、同じ敷地にはユースがあるのに利用しようともしないのが少し不思議に感じる。高級ホテルでは、宿泊者の間のフレンドリーな交流を期待するのは難しい。旅の楽しみの一つをみずから避けているとしか思えない。

ベランダのテーブルの前に坐っていると子供の遊び場になっている片隅の砂場で大胆にもパンツを下ろしておしっこしている四、五歳の女の子がいる。あまりのリラックスぶりに感心して、顔なじみの担当者に尋ねると「ここに住み込みで働いている同僚の子供だよ」との答えに納得。この子供と目が合ったりすると下唇を震わせるような音を出して、思い切り、しかとしてくる。幼い子供でさえも激しい気性をあらわにしてくる姿を見ていると、やはり日本人の気質とは異質なものを感じる。

丘を下りて町の方に向かう。歩いている人たちには厚着姿が目立つ。中華料理の店に入るが、相変わらず、味は物足りない。

ユースに戻り、神奈川出身の三十代の女性と雑談。彼女から日本のニュースを教えてもらったり、旅の経験談を語り合って過ごす。この女性はヨーロッパの脂っぽい、肉中心の料理が口が合わずもううんざりといった様子。二十日ほどの旅なのだが、これ以上の長旅はとても耐えられないとこぼし始めたのには思わず笑ってしまう。

しかし、食事については自分も同じようなものだ。まともに食べられるものはミルクをかけたコーンフレーク、ヨーグルト、パンなどの朝食くらいなもの。われながら、これでよく体力が持つものだと感心する。

八月十二日　ウィーン～メルク

走行距離　一二六・八キロ　　累計　一四三六・七キロ

昨日は一日雨が降り続いたので、朝起きるとまずは空模様の確認だ。晴れ間がのぞいていたのではっとする。

八時前に出発。丘を下り、大通りを走りながら、北のドナウ川の流れを目指す。とにかくドナウの川沿いに進めば自転車道が整備されているし、方向を間違えることはないからだ。

四年前にも走った同じルートだが、前回と違うのはドナウ川の上流に向けて反対方向に走ることだ。ドナウ川には支流がいくつも流れているので、走っているうちに本流から大きくそれてしまうこともある。林のそばの細い流れに沿って走り、畑の横を通り、時には小さな村の静まり返った家並みの間を進む。

今日は日曜日で晴れ間が出たということもあって、サイクリングを楽しむ人々をあちこちで見かける。親子に夫婦、年寄りから赤ちゃんまで勢ぞろい。それこそおびただしい数だ。

乳幼児たちは父親の引っ張る二輪のトレーラーの中で眠ったまま。子供たちは子供用の小さな自転車。時には大人の自転車の後ろに子供用を連結させたタンデム・スタイルも見かける。小旅行をしている人もいるし、前輪と後輪の両側に荷物を満載した重装備の自転車も多い。とにかくヨーロッパのサイクリングの人気ぶりは日本では想像もできない。

四〇キロほど走って、前回一泊した思い出のあるトゥルンを通り過ぎ、クレムス方向に向かう。リンゴやぶどう畑のそばを走り続ける。自転車道がなくなったので二ユーロほど払って渡し船で対岸に渡る。メルクの手前の橋で右岸に移動する。丘を越えればメルクだ。ここもフェリー乗り場のある町で丘の上のオレンジ色に輝く修道院で有名な所だ。

小さな商店街を通り抜け、少し町外れにあるユースに向かう。四年前に一泊した記憶をたどりながら探し回って、ユースを見つける。

先客には大勢の子供たちがいるが、なんとか宿泊できたのでほっとする。二段ベッドが二組ある部屋にひとりだけだ。外出して中華料理店で食事をする。

外国を旅していると時折体験することだが、水が合わないせいでこのところ腹具合がおかしい。こんな状態では食事は控えた方がいいのだろうが、体力が落ちてしまっては走れなくなる。そこで海鮮

刊行案内

No. 56

（本案内の価格表示は全て本体価格です
ご検討の際には税を加えてお考え下さい

ご注文はなるべくお近くの書店にお願い致しま
小社への直接ご注文の場合は、著者名・書名・
数および住所・氏名・電話番号をご明記の上、
体価格に税を加えてお送りください。
郵便振替　00130-4-653627 です。
（電話での宅配も承ります）
（年齢枠を超えて柔軟な感受性に訴える
「８歳から８０歳までの子どものための」
読み物にはタイトルに＊を添えました。ご検討
際に、お役立てください）
ISBN コードは 13 桁に対応しております。
総合図書目録

未知谷
Publisher Michitani

〒 101-0064　東京都千代田区神田猿楽町 2-5-9
Tel. 03-5281-3751　Fax. 03-5281-3752
http://www.michitani.com

8 歳から 80 歳までの子どものためのメルヘン

岩田道夫の世界

波のない海＊

192 頁 1900 円
978-4-89642-632-8

あなたは　本棚の中で／書物が自分で位置を換え／ドオデが一冊
ゾラの上へ／攀じ登ったりなにかすることに／お気づきですか？
表題作他10篇。

長靴を穿いたテーブル＊

——走れテーブル！

言い終わらぬうちにテーブルはおいしいごちそうを全部背中にのせたまま、窓を飛び越え、野原をタッタッと駆け出しました。お客たちはびっくりして、ある者は腰を抜かし、ある者はほうきやフライパンや肉のつきささったフォークを持ってテーブルを追いかけました。……（表題作より）　全37篇＋ぷねうま画廊ペン画8頁添

テーブルに走り方を教えた犬のアルブレヒト→

200 頁 2000 円
978-4-89642-632-8

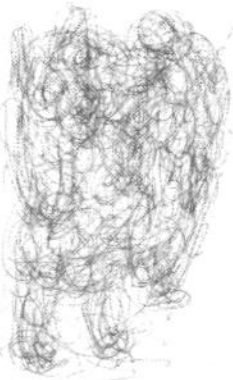

音楽の町のレとミとラ＊

ぼくは丘の上で風景を釣っていました。……えいっとつり糸をひっぱると風景はごっそりはがれてきました。ブーレの町でレとミとラが活躍するシュールな20篇。挿絵36点。

144 頁 1500 円
978-4-89642-632-8

ファおじさん物語　春と夏＊

978-4-89642-603-8　192 頁 1800 円

ファおじさん物語　秋と冬＊

978-4-89642-604-5　224 頁 2000 円

誰もが心のどこかに秘めている清らかな部分に直接届くような春夏秋冬のスケッチ、「春と夏」20篇、「秋と冬」18篇。

らあらあらあ　雲の教室＊

シュールなエスプリが冴える！　連作掌篇集　全45篇

廊下に出ている椅子は校長先生なの？　苦手なはずの英語しか喋れない？　空から成績の悪い答案で出来た紙飛行機が攻めてくる！　給食のおばさんの鼻歌がいろんな音に繋がって、教室では皆が「らあらあらあ」と笑い出し……

192 頁 2000 円
978-4-89642-611-3

ふくふくふくシリーズ　フルカラー 64 頁　各 1000 円

ふくふくふく　**水たまり＊**　978-4-89642-595-6

ふくふくふく　**影の散歩＊**　978-4-89642-596-3

ふくふくふく　**不思議の犬＊**　978-4-89642-597-0

ふくふく　犬くん　きみは一体何なんだい？　ボクは　ほんとはきっと　風かなにかだと思うよ

イーム・ノームと森の仲間たち＊

128 頁 1500 円　978-4-89642-584-0

イーム・ノームはすぐれた友だちのザザ・ラパンと恥ずかしがり屋のミーメ嬢、そして森の仲間たちと毎日楽しく暮らしています。イームはなにしろ忘れっぽいので　お話しできるのはここに書き記した９つの物語だけです。「友を愛し、善良であれ」という言葉を作者は大切にしていました。読者のみなさんもこの物語をきっと楽しんでくださることと思います。

———工藤正廣　物語と詩の仕事———

ポーランディア　最後の夏に

ほんのわずかであるにせよことばは、なにがしかを伝えることができる
そこにまことが含まれるかぎり、それが事実として生き残る——
人は産まれ所与の生をいきぬく、断片なりと他者に記憶されるなら
市井の小さな歴史といってよいだろう
一年のポーランド体験の記憶を、苛酷な時代をいきた人々の生を
四十年の時間を閲して語る物語

232 頁 2500 円
978-4-89642-669-4

毎日出版文化賞 特別賞 第 75 回（2021 年）　受賞！

チェーホフの山

ロシアが徒刑囚を送り植民を続けた極東の最果てサハリン島を、1890 年チェーホフが訪れる。作家は八千余の囚人に面談調査、人間として生きる囚人たちを知った。199X 年、チェーホフ山を主峰とする南端の丘、アニワ湾を望むサナトリウムをある日本人が訪れる——正常な知から離れた人々、先住民、囚人、移住農民、孤児、それぞれの末裔たちの語りを介し、人がその魂で生きる姿を描く物語。

288 頁 2500 円
978-4-89642-626-7

アリョーシャ年代記　春の夕べ

304 頁 2500 円
978-4-89642-576-5

いのちの谷間　アリョーシャ年代記 2

256 頁 2500 円
978-4-89642-577-2

雲のかたみに　アリョーシャ年代記 3

256 頁 2500 円
978-4-89642-578-9

9 歳の少年が養父の異変に気づいた日、彼は真の父を探せと春の荒野へ去った。流離いの果て、19 歳のアリョーシャは聖像画家の助手となり、谷間の共生園へ辿り着く。中世ロシアを舞台に青年の成長を抒情的言語で描く語りの文学。読後感と余韻に溺れる／実に豊かな恵み／からだの遠い奥底がざわめいている／魂の扉をそっと絶え間なく叩いてくれる／世界文学に比肩する名作…第一部刊行以来、熱い感嘆の声は陸続と……

〈降誕祭の星〉作戦　ジヴァゴ周遊の旅

「この一冬で、これを全部朗読して戴けたらどんなに素晴らしいことか」プロフェッソル K（カー）に渡された懐かしい 1989 年ロシア語初版の『ドクトル・ジヴァゴ』。勤勉に朗読し、録音するアナスタシア。訪れたのは遠い記憶の声、作品の声……　作品の精読とは作品を生きることであった

192 頁 2000 円
978-4-89642-642-7

郷愁　みちのくの西行

1187 年 69 歳の西行は奈良東大寺大仏滅金勧進を口実に藤原秀衡のもと平泉へと 40 年の時を閲して旅立った。ただその一点から語り起こす物語。

256 頁 2500 円
978-4-89642-608-3

西行抄　恣撰評釈 72 首

このあいだまでロシア詩の研究だったので、その技法を杖にして、西行の歌の山路を歩かせてもらった…この一書が、現在の若き人々が西行歌を愛でる機会の一つともなれば、それに過ぎたる幸もない（「序」より）

192 頁 2000 円
978-4-89642-609-0

1187年の西行　旅の終わりに

晩年、すべて自らの歌によって構成する自歌合を二編、当時の宮廷歌壇の重鎮・藤原俊成とその子定家にそれぞれ判者に恃み、成就。
折々に詠んだ歌を自ら撰ぶ際に思い出だすあれこれ、来し方の実情を西行自らが具に語り伝える物語。

272 頁 2500 円
978-4-89642-657-1

郵 便 は が き

料金受取人払郵便

神田局
承認

1686

差出有効期限
平成28年10月
19日まで

101-8791

504

東京都千代田区
猿楽町2-5-9
青野ビル

㈱**未知谷**行

ふりがな ご芳名 E-mail	年齢 男
ご住所 〒 Tel. - -	
ご職業	ご購読新聞・雑誌

愛読者カード

ご購読ありがとうございます。誠にお手数とは存じますが、アンケートにご協力下さい。貴方様の貴重なご意見ご感想を賜わり、今後の出版活動の資料として活用させて頂きます。

本書の書名

お買い上げ書店名

本書の刊行をどのようにしてお知りになりましたか？

書店で見て　　広告を見て　　書評を見て　　知人の紹介　　その他

本書についてのご感想をお聞かせ下さい。

ご希望の方には新刊書のご案内をさせて頂きます。　　要　　不要

通信欄（ご注文も承ります）

炒飯とビールだけのわびしい食事となる。

しかし、緯度が高くなったせいか、気温も低くなり、イタリアのように猛烈な日差しは影を潜めてしまい、肌寒さを感じることも多くなった。

八月十三日　メルク～リンツ

走行距離　一一三・一キロ　　累計　二五四九・八キロ

今日はリンツに向けて走る。朝、フロントでリンツのユースホステルの住所を調べてもらう。前回の旅でも泊まったユースだ。

そばのスーパーで液体ヨーグルト、ミネラルウォーター、リンゴなどを購入して出発。

ドナウ支流のそばの見事な自転車道を走る。まっすぐの一本道というわけでなくて、畑や林、小さな町の家並みのそばを巡りながら走り続ける。

ミッターキルヒェンの辺りで前回も利用した休憩所で休む。ここでは食事したり、休憩しているサイクリストたちで溢れかえっている。お揃いの自転車はサイクリング・ツアーの参加者たちだ。

この辺りを走っていると前方から次々とサイクリストが現れる。いったいどこからわいてくるのかと思ってしまうほどだ。走っているのはヨーロッパ人だけではなくて、アジア系の人たちのグループも見かける。これもサイクリングのツアー客たちらしい。日焼けを避けるために全員がタオルなどで顔を覆って目の辺りだけを出して走っている様子に思わず笑ってしまう。

リンツの手前マウトハウゼンで橋を渡って右岸に移る。ところが自転車道が見つからない。仕方なく国道に出て、リンツに向かって走る。道路が狭い上に夕方になったこともあって、車がやたらに多い。もう冷や汗の連続。とにかく路肩が狭い。道路の端ぎりぎりの所に白線が引いてあるので自転車ではまともに走るスペースがない。そのうちトンネルとなる。壁際の歩行者専用通路に移り、自転車を押して歩く。このやたらに長いトンネルを抜けて、リンツの市内を進む。

ユースで調べてもらった住所を探し回って、ようやく目的地に到着。しかし、どう考えても、記憶にあるユースとは別物だ。首を傾げながら、とりあえずフロントで宿泊を申し込む。

「ここはユースホステルなの?」

「ここはユース・ホテルという名前のホテルでユースホステルは別の場所だよ」

リンツのユースは日本人学生と同室になったりして思い出のある場所だっただけにがっかり。このホテルはユースホステルと紛らわしい名前を使ったりして、いかにも胡散臭い感じがする。フロントの担当者もユースにいるような真面目で献身的なタイプとはほど遠い、にやけたような、あまり感じのよくない男。なんだか騙されたようで不愉快になる。

今日は前半は順調に進んだが、リンツに近づくにつれて、道路が混雑していたこともあって、疲労困憊の一日となってしまった。

八月十四日　リンツ〜パッサウ

走行距離　一〇一・三キロ　　累計　二六五一・一キロ

今日は一〇〇キロほど先のパッサウに向かう。いよいよドイツ入国だ。昨日は冷や汗をかきっぱなしだったので、無事にリンツから抜け出せるか少し気にかかる。

市内を北に進み、ドナウ川岸に出るが、自転車道が見つからない。仕方なく国道を進むが、道路が狭くて路肩のスペースがほとんどない。それでも、しばらく走っていると車が少なくなる。ところが、今度はいつの間にか山道となってしまい、走るのがつらくなる。急な坂道を自転車を押しながら進む。木陰で休んでいると中年の男性がいかにも気楽そうに自転車で坂道を上ってくる。話しかけてみると、この人は電動自転車でサイクリング旅行をしているとのことでびっくり。

第九章　ドイツ　ロマンチック街道を走る

パッサウ駅の近く、ドナウ川の岸辺に建つ安ホテルが今日の宿だ。前衛的な奇妙なフォルム、原色に塗られた外壁が人目を引く。薄暗い廊下を進むと両側に小さな部屋が等間隔で並ぶ様子がいかにも無機質な冷たさを感じさせる。

部屋には窓際にベッド、ドアのそばには小さなテーブルと机が置かれていて、余分なスペースがない。刑務所に入ったことはまだないが、いかにも独房を想像させる造りだ。

気温が下がってきたこともあって、外出して厚手の長袖シャツを購入する。

部屋の前の廊下で五、六歳くらいの男の子が独り言をいいながら玩具の自動車を床の上で動かしたりして遊んでいる。三十代の母親と一緒に隣室に泊まっている子供だ。

●8/24 ヴュルツブルク
●8/23 ニクラスハウゼン
●8/22 ローテンブルク
●8/21 フォイヒトヴァンゲン
●8/20 ディンケルスビュール
●8/19 ドナウヴェルト
●8/18 インゴルシュタット
●8/17 レーゲンスブルク
●8/16 ゼーバハ
●8/14 パッサウ
Schweinfurt
Bayreuth
Bamberg
Würzburg
Erlangen
Fürth
NÜRNBERG
Mergentheim
Rothenburg ob der Tauber
Ansbach
Weiden in der Oberpfalz
Amberg
Neumarkt in der Oberpfalz
Schwandorf
Regensburg
Cham
Straubing
Deggendorf
Landau an der Isar
Passau
Ingolstadt
Weißenburg
Nördlingen
Schwäbisch Hall
Schwäbisch Gmünd
Aalen
Göppingen
Plzeň
Domažlice
Klatovy
Mariánské Lázně
Böhmerwald

八月十五日　パッサウ

いよいよドイツに入国した。しかし、予想していた以上に気温が下がり始めている。内陸部を北に向かっているせいもあるが夏は終わりかけている。この調子では先を急いだ方がいいようだ。

朝食を済ませて町を散策。パッサウ駅のそばを通り抜けると辺りはこぎれいな繁華街だ。ドナウ川流域はヨーロッパでは最も人気のあるサイクリング・コースになっていることもあって、パッサウはサイクリング旅行で訪れる人が多いらしく、ヘルメットにサイクリング用のウェア姿で歩いている人たちが目立つ。

イン川のほとりの公園のベンチに坐ると林に囲まれた民家が立ち並ぶ対岸の光景が目に入ってくる。公園には、イン川がドナウ川に流れ込む合流部の様子を眺める観光客たちでいっぱいだ。その中に混じって、緑がかったドナウの流れに白味を帯びたイン川の水が流れ込み、攪拌され、溶け合い、一つに収斂しながら次第に遠ざかっていく姿をじっと見つめる。二つの流れが心の中に流入していき、少しずつその空洞を満たし始め、それがやがて軽い疲労感に変化しながら体中に広がっていく。考えてみれば、旅に出て、もう二ヶ月近くたってしまったのだ。

ホテルに戻ると廊下の暗闇の中で相変わらず隣室の子供が玩具で遊んでいる。

時折見かけるこの親子は旅の高揚した気分を発散させているわけでもなく、ただあてどもない旅をしているという様子。

この薄暗い、閉ざされた空間でひとり無心に遊んでいる子供が少し痛々しく感じられる。かわいそうに思って、日本から持参したホイッスルと飴玉を部屋の荷物から取り出して、この子にあげようとする。しかし、子供は固い表情のまま手を触れようともしない。なんとか受け取らせようと話しかけていると子供の母親が部屋から顔をのぞかせる。もの哀しそうな目をした女性だ。

母親に英語で話しかけるが通じない。女性もドイツ語で話しかけてくるが、今度はこちらがわからない。なんとか片言でやりとりしながら、渡そうとするが、母親も手を出そうともしない。そこで部屋にあったバナナをちぎって渡してやるとようやく笑顔になって、こちらの首筋にキスをしながら受け取ってくれる。

「私はスペイン人なの。この子の父親はドイツ人なんだけど、いろいろ難しいことがあって……」と言葉がとぎれる。なにか事情のあるらしい親子だとはその寂しげな様子から察していたが、やはりそうだ。

駅のそばを散策しようということになって、この親子連れと一緒に外出する。夜のプロムナードを歩いているとここでも男の子は歩道の上で玩具の車を動かして遊び始める。そのうち子供は、そばに坐って

隣室の親子と

いる青年に、買ってもらったばかりのデジタル腕時計の使い方を尋ねたりして、元気そのものだ。そばに父親がいないことさえいっこうに気にしている様子がないのが逆に哀れを誘う。二ヶ月近くの旅で疲れ果ててしまった自分の心が子供の姿に投影されているのかもしれない。

八月十六日　パッサウ〜ゼーバハ

走行距離　五二・二キロ　　累計　二七〇三・三キロ

今日はいよいよ出発だ。

朝食を済ませた後、近くのスーパーでミネラルウォーターを買って戻る。

隣室のドアをノックするとすでに起きていた男の子がドアを開けてくれる。まだベッドの中にいる母親と男の子に「アディオス」と別れの挨拶をして出発。

「いつか幸せになってくれよ」と親子のことを思い返しながら、ドナウ川の右岸を走り続ける。

曇り空で気温が低い。これ以上気温が下がると走るのもつらくなる。

ドナウのほとりは林に囲まれ、水面にはカモや白鳥たちが泳いでいる。反対方向からやって来るサイクリストたちと「ハロー」「モルゲン」と挨拶を交わしながら進む。

サイクリングだけでなくジョギング、ウォーキングする人たちも多い。前回の旅でもよく見かけたが、スキーのストックみたいなものを両手に持ってウォーキングしている人も多い。なにやら科学的な根拠があるらしいのだが、はた目にはわざわざ面倒でこっけいなことをしているとしか思えない。原理、原則にこだわる一神教のお国柄だからなのか、信じたらとことんまでという感じがする。

雨が降りだしたのでニーデラルタイヒという小さな町の公園の木の下で雨宿りとなる。雨でさらに気温が下がってきたので、パーカーを着て、寒さをしのぐ。いくら待っても雨が止まないので近くのペンションを探し回るが、どこも満室と断られる。

仕方なく雨の中を走ることにして出発。しばらく走り、ゼーバハという小さな町に通りかかる。道路脇にペンションがあったので、ここに泊まることにする。

部屋の窓から外を眺めると雨に濡れそぼった田舎の町並みが寂しげにかすんでいるのが見える。雨にたたられて中途半端な走りになってしまったので、パッサウにもう一泊してあの親子と一緒にいた方が良かったとしきりに後悔する。

夕食は、ここのレストランで山盛りのフライドポテトの付け合せのついたシュニッツェル。やたらに塩気が強く、日本なら優に二人前もある分量だが、なんとか頑張って平らげる。

八月十七日　ゼーバハ～レーゲンスブルク

走行距離　一一三・五キロ　　累計　二八一六・八キロ

朝七時からの朝食でヨーグルト二個、ゆで卵三個、コーンフレーク、パン二個で腹いっぱい。毎日、食事が口に合わなくて弱っているのだが、なんとか旅が続けられるのは朝食をきちんと食べているからだろう。

どんよりした曇り空で今にも雨が降りそうだ。相変わらず気温が低くて、ドナウ川からわいた霧が、辺り一帯を覆っている。雨が降りだしたら、ペンションを見つけて逃げ込む覚悟をして出発。

畑や林、ドナウの岸辺が次々と入れ替わりながら、姿を現しては消えていく。山の中を自転車を押しながら歩き続ける。

サイクリストたちは、風向きの関係だろうが、こちらとは反対方向のドナウ下流に向けて走っている人たちばかりだ。ほとんどが、最低でも二人、多ければ十人以上のグループで走っている。自転車用のウェアとヘルメット姿、地図もサイクリング専用のものを使っている。とにかくサイクリングが盛んな土地柄だけあって、豊富な道路の情報を手軽に活用している様子がうらやましい。そんなこともあって、周りにこの連中の姿を見かけなくなると道でも間違えたのかと少し不安になる。

出発してしばらくは霧雨が降ったりしてひやひやさせられたが、十時ごろになって、やっと霧がうすくなる。

ボーゲンを過ぎ、シュトラウビングという町に入る。わりと大きな町で郊外の遊園地には大勢の人で溢れている。町の中心に進むと祭が開かれているらしく、民族衣装を着た人たちでいっぱいだ。

観光案内所に行くと民族衣装の娘さんが相手をしてくれ、道路地図をもらう。この娘さんの可愛らしいこと。思わず見とれてしまう。

午後五時ごろ、レーゲンスブルクに到着。かつて交易地として栄えたドナウ川岸の町だ。

ユースの同室にはミュンヘンの高校生三人。もう一人はウィーンでコンピュータを学ぶインド人留学生。

さっそく、ドナウ川にかかる橋を渡って、旧市街に向かう。古い建物に囲まれた細い道を歩くと傾きかけた日の光に輝きながら、そびえ立つ二つの大尖塔が現れる。大聖堂を見上げながら、その前の広場を散策する。

ユースに戻ると玄関前のベンチで十四、五歳くらいの少年、少女たちが大勢集まって、抱き合いながら大声で泣きじゃくっている。少し尋常ではない様子なので、そばにいた引率の若い女性に尋ねてみる。

巨漢のインド人青年　とにかくよく食べる

「ドイツとフランスの子供たちなんだけど別れを惜しんで泣いてるのよ」
いくら多感な時期とはいえ、その悲しみ方が少し理解しがたいレベルなので半ばあきれながら、しばらく物珍しくて眺める。やはり民族性の違いはあるものだ。
インド人青年は体重が優に百キロを超える巨体の持ち主でインド南部のハイデラバードの出身だ。
「南の町だからヒンディー語とはだいぶ違うテルグ語

という言葉を使ってる。ヒンディー語や英語も使うけどね」

「将来はどうするの？」

「父が果樹園をやっているから、それを手伝うつもりだけど、将来はコンピュータの会社を興したいね」

留学できるくらいだから、インドではかなり裕福な階層らしい。いかにも鷹揚な感じのする青年だ。宗教はヒンドゥー教とのことなので「どんな宗教なの？」と質問してみる。

「日本の神道みたいなものだよ」と言いながら、スマートフォンを取り出して見せてくれる。ワニに襲われている象をワシに乗った神様が助けようとしている極彩色の画像だ。様々な説話に包まれた土俗的な性格の宗教らしい。

「以前、マレーシアのヒンドゥー寺院でココナッツを投げてるのを見かけたんだけど」

「あれはココナッツを床に投げつけて、その果汁を神に捧げているんだよ」

彼もインド人らしく、いかにも信仰心が篤い様子だ。

「インド人はやせているという先入観があったんだけど君みたいな人もいるんだな」と言うと笑う。彼はヒンドゥー教徒だがベジタリアンというわけではなくて、チキンも豚肉も食べるとのこと。ビールを一本くれたくらいだから酒も好きらしい。

高校生の一人から東北の大津波のことを聞かれたので、ボランティアに参加して訪れた被災地の様子を話してやると返す言葉も見つからないらしくて、そのまま沈黙してしまう。

二段ベッドの自分の真上がインド人だ。彼が体を動かすたびに木製のベッドがきしむ。ベッドが壊れでもしたら確実に圧死してしまいそうで、びくびく。

八月十八日　レーゲンスブルク～インゴルシュタット

走行距離　一一一・〇キロ　　累計　一九二七・八キロ

高校生、インド人たちと朝食を摂る。みな食欲旺盛な連中だからこちらも負けじと頑張るが、さすがにインド人青年のすさまじい食欲にはかなわない。

朝九時にユースを出発。今日も大聖堂の前に行って見納めとする。これからはドナウ川のそばを西のドナウヴェルトまで進み、そこからはロマンチック街道に沿って北に向かうことになる。

自転車道を進むが、間もなく道を見失い、山の中の一般道を走る。勾配がきつすぎて、自転車を押しながら歩き続ける。そのうち気温が上昇してきて、すさまじい暑さが襲ってくる。疲労困憊して、木陰で休んでいると突然車が止まり、「大丈夫？　水はある？」と声をかけられる。へばっているのだが、人に迷惑をかけたくないので、いかにも元気そうな振りをしながら「心配しないで」と答える。しかし、心配して声をかけてくれるのはうれしいものだ。お礼を言って別れる。

なんとかノイシュタットにたどり着く。ここから、また道がわからなくなって、一般道を進み、今日の目的地インゴルシュタットに到着。ユースを探し回って、やっとのことで広大な公園のそばのユースにたどり着く。

ユースは十人以上も収容できる大部屋に自転車旅行中のエンジニア、ミュンヘンの高校生の二人の先客がいる。

高校生は、トルコ系なのか日本人そっくりの顔立ちをしている。サッカー好きのギムナジウムの最上級生だ。二人とも気のいい連中なので、気軽な会話をして過ごす。

八月十九日　インゴルシュタット〜ドナウヴェルト

走行距離　六九・一キロ　　累計　二九九六・九キロ

朝食を済ませ、先に出発するエンジニアを二人で見送った後、部屋で高校生としばらく雑談。

「いつミュンヘンに来るの？」

「四年前の旅で一度ミュンヘンには行ったけどね。でも、ヒトラーにゆかりのある町だからもう一度ゆっくり見てみたい町だね」

「ヒトラーってどんな人物だと思う？」

「やったことの愚かさは否定のしようもないけど、直観力にすぐれた一面もあったと思うよ。ドイツ人は大嫌いらしいけどね」

しばらく沈黙があって、高校生は周りをうかがうような素振りをした後、おもむろに口を開く。

「本当はね、ドイツ人はヒトラーが好きなんだよ。半数くらいはそうだよ。おおっぴらにヒトラーを礼讃したりすると警察に引っ張られるから、人前ではそんなことは言わないけどね」と重大な秘密を打ち明けるような表情になって話す。

ヒトラーの時代には圧倒的にナチスを支持していたドイツ国民も戦後になると、戦争の責任をすべてヒトラーに押しつけてしまい、今では憎悪の対象としか見てないと思い込んでいたこともあって、その予想外の言葉に一瞬虚をつかれる。

ヒトラーの生家のすぐそばに実家のある福岡在住のあるオーストリア人から「ヒトラーの生家を訪れる観光客は今でも絶えることがないよ。ヒトラーの礼讃者から一般の観光客までとにかくすごい数だよ」と聞かされたことを思い出す。

ミュンヘンはナチスが表舞台に登場するまで活動の根拠地となっていた所だ。それに、もともとドイツが地域間の激しい対立の歴史をもった国ということを考えれば、ミュンヘンの人々が今でもヒトラーに身近な感情を抱いているとしてもさほど不思議なことではないのかもしれない。

このところ疲れが残っていて、今日もこのユースに滞在するつもりだったのだが、体調が少し戻ってきたので、駅に向かう高校生を見送りがてら、出発することに決める。

駅の近くで高校生と別れて走りだす。自転車道を見つけて、順調に走り続ける。

ノイブルクの近くで六十代の自転車に乗った男性から「ドナウヴェルトに行くのなら途中まで連れていってあげるよ」と声をかけられて、一緒に走る。男性はこの辺りの近道に詳しいらしくて、畑の脇などまともに人の通らないような小道を進む。男性と別れて進むうちに起伏が激しくなる。猛烈な暑さの中を丘を上り下りしながら進む。

疲労困憊して、丘の中腹で休んでいると「昨日レーゲンスブルクの辺りで君を見かけたよ」と自転車旅行中の二人づれから声をかけられる。五十代の父親とその息子で「これからスイスとの国境に近いコンスタンツ湖のそばの家まで帰る途中なんだよ」とのこと。しばらく雑談して別れる。

小さな町の外れで水道の蛇口を見つけて、思わず飛びつく。水で浸したタオルで汗まみれの体をぬぐい、帽子、ポロシャツも水に濡らして、やっと人心地つく。

苦しみながらもなんとか目的地のドナウヴェルトに到着。ユースはすぐに見つかる。ドナウヴェルトは西から東に向かって流れるドナウ川と南北に走るロマンチック街道が交差する位置にある。周りを丘陵地に囲まれ、いくつもの川が流れ込む河口の町だ。いよいよこの町でドナウ川とも別れ、これからはロマンチック街道を進むことになる。街道沿いにはかつて繁栄した町が連なっていて、中世の雰囲気を今に残していることでも知られているので少し楽しみだ。

今まではドナウ川に沿って、わりと平坦な道を走ってきたが、これからは起伏の激しい所を走ることになりそうで少し緊張する。

八月二十日　ドナウヴェルト～ディンケルスビュール

走行距離　七二・一キロ　累計　三〇六九・〇キロ

朝食を済ませ、近くのスーパーで買い物をして、午前八時すぎに出発。そのうち方角が違うのに気づいて、道を尋ねたりして走っているうちに先ほどのスーパーの前に戻ってくる。方向音痴も相変わらず治らないのが情けない。

丘が広がり、川や湖、林や森が次々と姿を現わしては、消えてゆく。点在する民家の赤茶色の瓦屋根や白やピンクに塗られた壁の色が、樹木の緑に映えてまるで箱庭みたいだ。

ゴミ一つ落ちてない清潔さには感心するばかり。途中で温和な顔をした老婦人から声をかけられる。「日本人でしょ？　学生それとも仕事してるの？」外国では、日本人に見られるのはやはりうれしいが、しかし、いくらなんでも学生はない。

気温が相変わらず高い。木陰で休み、少しでも体温を下げようとするのだが、疲労が激しい。ネルトリンゲンからは自転車道が見つからず、国道二十五号線を走る。

道端にはロマンチック街道の標識がある。ドイツ語の下に日本語の表記もされているので、よほど日本人に人気のある場所らしい。

午後三時すぎにディンケルスビュールに到着。観光案内所で近くのペンションを紹介してもらって投宿。

さっそくそばのマルクト広場に面したゲオルグ教会を見物。町の最盛期にあたる十五世紀に建てられたゴシック様式の教会だ。古色を帯びた茶褐色の地味な色合いの壁面がなんとも落ち着いた雰囲気をにじませている。

すぐそばに並んでいる三角屋根の建物は、梁が外側から見える木骨組造りになっていて、大きな山荘みたいな趣。

中世のたたずまいを漂わせながら、静かに老いていく町の姿を見て回る。

行列しながら歩いている日本人のツアー観光客たちの姿も目につく。

八月二十一日　ディンケルスビュール～フォイヒトヴァンゲン

走行距離　一一・一キロ　　累計　三〇九〇・一キロ

朝食を済ませ、しばらく町並みを眺めながら歩き、午前九時に出発。今日も相変わらず暑い。今日の目的地は二〇キロほどの距離にあるフォイヒトヴァンゲンだ。走っているうちに道を見失い、二人組のサイクリストに道を尋ねるとレンタルの自転車に乗ったブラジル人旅行者だ。

「ローマから走ってきたんだ」と話すと歓声をあげる。さすがに南国の人たちだ。

二十五号線を走ると間もなくフォイヒトヴァンゲンに到着。こじんまりした町で観光客も見かけない。丘の上のユースに向かう。ユースは結構新しくて、二段ベッド三組の部屋に一人。

今日は時間があるのでショッピングモールに行き、理髪店で散髪してもらう。若い女性一人でやっている美容室も兼ねたような店だが、ぎこちない手つきでおせじにも上手とはいえない。

その後はそばのアジア料理店に入る。ベトナム人経営の店で焼きそばを食べる。女主人はきさくな感じの人だ。同じアジア人といっても中国人とはかなり違った印象がする人たちだ。

ユースに戻って洗濯。後はこれからのルートを検討して過ごす。他に宿泊客が見当たらないのでユースはひっそりと静まり返っていて寂しいくらいだ。話し相手がいないのが残念だが、やはりユースの雰囲気は最高だ。

夕方から雲が多くなる。どうやら天気は下り坂らしい。

八月二十二日　フォイヒトヴァンゲン〜ローテンブルク

走行距離　三六・六キロ　累計　三二二六・八キロ

夜中に雷鳴がとどろき、雨が降り続く。朝、食堂に行くと五、六人の先客がいる。皆中高年者だ。六十代の男性がいたので話しかけるとこの人も自転車旅行中の人だ。

「以前は図書館に勤めていて、今は年金暮らしなんだけど自転車旅行が趣味でね」食堂に本を持参してくるくらいだから、かなりの読書好きらしい。

「最終の目的地がアムステルダムなんですけど、オランダはどんな所ですか?」

「山がないから走りやすいよ。もっとも緯度が高くなるから風が強いけどね」

「ドイツは自転車道が素晴らしいですね」

「いや、オランダはもっとすごいよ。あちらの人はドイツ人以上に自転車に親しんでいるからね」

北海沿岸までのルートに迷っていることを話すと「じゃあ、後で教えてやるよ」ということになって、男性が部屋から地図を持ってきて、ルートを教えてくれる。

天候も回復したらしいので、フロントでローテンブルクのユースを予約してもらって出発。

自転車道が見つからないので二十五号線を走る。大型車が多い。自転車道は時折見かけるが、表示のない道を不用意に進んだりするととんでもない方向に向かったりするので安易には走れない。

そのうち気がつくと森の中だ。さらに進むと今度は丘の上のトウモロコシ畑のそばに出てしまう。

空模様がおかしくなり始めたので先を急ぐ。

なんとかローテンブルクに到着。町の中心が丘の上にあるので急な坂道を上るのに難儀する。疲れ果てて、途方に暮れていると自転車に乗った中年の男性が「ユースまで連れていってあげるよ」と声をかけてくれる。男性と会話を交わしながらユースに到着。

ユースはかつての城跡を利用したものらしく、かなりの年代物だ。玄関前でお礼を言うと男性は「幸運の印だよ」と言いながら大きな鳥の羽を一本くれる。

部屋に荷物を置いて、さっそく町を散策。中世の一角が静止したままひっそりとたたずんでいる様子はなんともいえない懐かしさを醸し出している。

コースまで案内してくれた男性

赤茶色の瓦の切妻屋根に木組みの建物は童話の絵本の挿絵そのものだ。辺りには日本人観光客の姿が目につく。子供のころに、なれ親しんだグリム童話の世界に郷愁めいた思いをいだきながら、旅をしているのだろう。

ユースに戻ると同室者が他に四人。三人が日本人で、一人が韓国人。

久しぶりに日本人と話しができるとあって、さっそく話し込む。

「ニースでパスポートを盗まれ、大使館に駆け込んだりして大変でしたよ」と学生の一人が話しだす。

「旅行中に出会った日本人の学生たちと話したら、半数ほどが盗難の被害にあってるんですよ」との言葉にさすがにびっくり。日本人は体格がきゃしゃな上に金を持っていそうなので狙われるのかもしれない。

四十歳くらいの社会人は「スイスのモンテローザに一人で登って帰国の途中なんですよ」四六〇〇メートルもある山にガイドなしで登ったと聞いて、驚いて話をしてみると男性は休暇を利用して世界中の高い山にチャレンジしている山登りの猛者だ。

細い体つきをした、優しそうな雰囲気の男性だが、どこにそんな強靭さが秘められているのかと不思議に思えてくる。

「ところで日本の様子はどう?」日本のニュースに飢えていたので尋ねてみる。

「竹島や尖閣の問題で日本はもう大騒動ですよ。報道も少し加熱気味ですね」しばらくその話題になる。

そのうち日本人だけ固まっているのも悪いと思って韓国人の青年に声をかけるが、青年は無愛想な表情をしたまま話の輪には加わろうともしない。

四人が話しているそばで黙々と腕立て伏せを始める始末。やはり緊張した両国の関係が影響しているらしく、口をきこうともしない。青年が部屋から出て行くと「ほかのユースでも韓国人には挨拶しても返事が戻ってこないので欧米人たちからも煙たがられていましたよ」と学生の一人。

四年前、ユースで出会った韓国人は素直な印象がしたが、中国人や韓国人は全体に表情が固くて、周りとの交流など、はなから拒絶するようなタイプが多いように感じる。

八月二十三日　ローテンブルク〜ニクラスハウゼン

走行距離　一〇一・三キロ　　累計　三三二八・一キロ

朝八時すぎにユースを出発。これからタウバー川に沿って北に向かう。道のそばに川が流れ、樹木に覆われた丘の斜面には農家が点在し、辺りにはリンゴ畑が広がる。

午前十時ごろにクレリンゲンという小さな町に着き、街角で地図を確かめていると自転車に乗った六十代のアジア系の男性が近づいてくる。

「日本の方ですか？」

日本人の自転車旅行者だ。紺のポロシャツに短パンの身ぎれいな姿からは長旅をしている様子には見えない。

「飛行機でフランクフルトに着いた後、ヒュッセンまで鉄道で移動して、そこから日本から持参した自転車でビュルツブルクまで走っているところなんですよ。そこからは、また鉄道でフランクフルトまで戻り、帰国便に乗ることにしてるんですよ」

ドイツの最南部に位置するヒュッセンからその北のビュルツブルクまでの三六六キロの道がロマンチック街道だ。人気のある観光地なのでここを自転車旅行する日本人も少なくないらしい。

欧米では、日本ではちょっと想像できないほどサイクリング旅行の愛好者が多いが、日本ではまだ少数派の趣味だ。そんなこともあって、この人が海外で出会った初めての日本人サイクリストになる。

クレリンゲンからビュルツブルクまでは直線距離で四〇キロほどしかないので、「じゃあ、しばらく一緒に走りましょうか」ということになって出発。

ヴァイカースというこぎれいな町の広場で休んでいると自転車旅行中の中年の二人組から声をかけられる。

「日本人だろ？　どこから出発したの？」

「ローマからだよ。ローマで自転車を買って、ここまで自転車で来たんだよ」

「じゃあ、この自転車はなんという店で買ったんだよ?」二人組みはいかにも疑わしそうな表情をして尋ねてくる。

「ラザラッティという店だよ」と言うと二人はびっくりしたような顔になる。そのうち、一人が自転車の車体に取り付けてあるラザラッティのロゴの入った自転車用のボトルを見つけて、「やっぱり、本当だよ」と騒ぎだす。

「実は、俺たちはイタリア人なんだよ。ラザラッティはおなじみの店だからね」

最初、二人にはローマから自転車でやって来たという話はさすがに信じられなかったらしい。二人はこちらがボトルを手に持ったりしている姿を写真に撮ったりする。ローマに帰ったら店の連中に見せるらしい。イタリア人らしく、いかにも陽気な人たちだ。

日本人の男性、こぎれいな身なりの人なのでここではダンディーさんと呼ばせてもらうが、ダンディーさんはしきりに「ドイツの町並みを実際に見てショックを受けましたよ。ゆったりしていて、清潔で環境が素晴らしくて、とにかく圧倒されましたよ」と感服しっぱなしだ。

畑のそばの小さな橋の辺りで休憩していると中年の農夫から話しかけられる。

「この橋はね、第二次大戦の末期にドイツ軍が敗走している時に九十キロ爆弾を仕掛けて、逃げてしまったんだよ。だれもそのことを知らないものだから、長い間、爆弾はそのままになっていたんだよ。その間、子供たちもこの川で平然と泳いだりしてね」と笑いをかみ殺すように話す。

バート・メルゲントハムという町に着いて、中華料理店で食事。

食べ終えた頃、ダンディーさんはなにやらバッグから取り出し、口に入れながら話し始める。

「心臓が悪いんですよ。狭心症でバイパス手術まで覚悟してたんだけど、今は、なんとかステントの手術だけで収まっている状態ですかね」

これを聞いて、一瞬不安がよぎる。自分だったら、いくら走る距離が四〇〇キロほどでも心臓に不安をかかえたまま、一人で海外の自転車旅行をする勇気はない。

麦畑の広がる小高い丘の道を進む。起伏が激しい地形なので息が切れる。後方を走っているダンディーさんの様子がやはり気にかかる。遅れがちになりながらもなんとかついて来る様子を見てほっとする。

少し遠回りして、複雑に曲がりくねったタウバー川に沿って、緑に覆われた風景を楽しみながら、ビュルツブルクに向かうルートを走ることにする。

タウバービショフスハイムという小さな町で日が暮れてきたのでホテルを探すが見つからない。おまけに空模様もおかしくなってくる。

周りは山の中に民家がわずかに点在しているような所なので少し焦りだす。

タウバー川に沿って進み、ヴェルバッハを通り過ぎ、ニクラスハウゼンという山間の静まり返った町並みを進んでいると一軒のレストランを見つける。さっそく飛び込んでホテルの場所を尋ねる。

「近くに一軒あるからそこまで連れていってあげるよ」とそこの主人に案内される。今日の宿は一軒の民家だ。老婦人が自宅をペンション代わりにして一人で細々と暮らしているらしい。

荷物を置いて、先ほどのレストランに戻って夕食を摂る。ビールにザワークラウト、ソーセージのありきたりの食事だがこれがうまい。

宿に戻って、なんとか寝場所が見つかったのでほっとしながら就寝。

八月二十四日　ニクラスハウゼン～ヴュルツブルク

走行距離　四九・〇キロ　　累計　三三七七・一キロ

夜中に雷鳴がとどろき、大雨となる。朝食を済ませて出発。気温が低く、今にも雨が降りだしてきそうな空模様だ。

昨日来た道を戻ることにして走り始めたとたんに雨になる。木陰にかけ込み、雨具を着て、雨宿り。今日の目的地ヴュルツブルクまでは三〇キロほどしかないので少しは気が楽なのだが、やはり雨が気になる。空模様を気にしながら走り続ける。

山の中を走り抜けて、無事ヴュルツブルクに到着。ビュルツブルクはドイツのほぼ中央を流れるマイン川の両岸に開けた町で、かつては交通の要衝とされていた所だ。ロマンチック街道もいよいよこの町で終わりとなる。

マイン川のほとりのユースに行って、まずは宿の確保だ。予約してなかったので少し心配したが、なんとか宿泊できたのでほっとする。荷物を部屋に置いて、さっそく二人で旧市街を回る。かつては大いに繁栄した町らしく、中世の面影を残す町のたたずまいにはやはり魅せられてしまう。その後は町外れにあるシーボルト博物館を見学。日本にもなじみの深いシーボルトはこの町の出身ということもあって、期待して行ったのだが、展示物には見るべきものがなく、がっかり。

ユースの同室者に北京出身の中国人留学生がいる。中国人には少しとっつきにくいという印象があったのだが、この人はドイツに留学中のためか、柔和で開放的な感じのする男性だ。

「広東語はわかる?」

「いや、聞いてもまったくわからないね。文章だけだったら八割くらいはわかるけどね。上海語の会話だったら半分くらいかな」と中国の言語事情の複雑さを話してくれる。

夕方から、とうとう大雨になる。

八月二十五日　ヴュルツブルク～フォルカーズ

走行距離　九九・五キロ　累計　三三七六・六キロ

昨夜は大雨だったので、今朝は起きるとすぐに空模様を確かめる。今にも雨が降りそうなので休養日にするか迷い続けるが、空が明るくなってきたので、出発することに決める。ここでダンディーさんとはお別れだ。これからまだかなりの日数を走らなければならないので、帰国するダンディーさんが少しうらやましくなる。

第十章　ドイツ　北海を見る

今日の目的地は北に位置するフルダだが、一〇〇キロをはるかに超える距離がある上に山の中を走るので少し緊張気味だ。

マイン川に沿って走る。この辺りはサイクリングには人気のある場所らしくてサイクリストたちの姿が目につく。

ゲミュンデンでサイクリストたちが大勢集まっている屋台みたいな所で食事。

道がわからなくなって、観光案内の掲示板を眺めていた中年の男性に尋ねると「私は観光客なのでこちらの道はわかりません」ときれいな日本語が戻ってくる。

まさかこんなところで日本語が聞けるとは思ってなかったのでびっくりしていると日本の大学で比較文明論を教えているロシア人とわかる。夏休みで近くの温泉に旅行に来ているとのこと。

ゲミュンデンからマイン川と別れて、いよいよ小さなシン川に沿って、山の中を進み始める。山々に囲まれた小さな道路を進む。ブルクシン、オーバーシンと小さな村のそばを通るともう山奥だ。道

●9/4 ブレーマーハーフェン
●9/3 ノルデンハム
●9/2 ブレーメン
●9/5 フリーゾイテ
●9/1 フェルデン
●9/6 メッペン
●9/7 ウェルゼン
●8/31 ポルタ・ヴェストファーリカ
●8/30 ボーデンヴェルダー
●8/29 バート・カールスハーフェン
●8/28 カッセル
●8/27 バート・ヘルスフェルト
●8/26 フルダ
●8/25 フォルカーズ

がわからず、右往左往しながら抜け道を探すが見つからない。道を尋ねようにも人影もない。そろそろ日も傾き始めたので、あわてて広い道路を探し回る。

そのうちフルダまで六〇キロの表示がされた標識を見つける。山の中なので、この距離では今日中にフルダに着くのはとても無理だ。宿を探すしかない。しかし、山道ではいくら頑張って走ってもなかなか距離が伸びない。しばらく走り、民家の辺りに人がいるのを見つける。やっとのことで人に出会えたのでほっとしながら、宿の場所を尋ねる。

「この辺りにはペンションはないよ。この先のエッカーツには宿があるから」とそこまでの道を教えてくれる。

これで助かったと喜び勇みながら、七、八キロ先のエッカーツに向けて走る。山陰の小さな村だ。ペンションを見つけて、さっそく飛び込むが、宿泊を断られる。さらにもう一軒のペンションを見つけるが、ここでも断られる。一人だけの宿泊が面倒と思われたのかもしれないが、アジア系の男が突然現れたことに警戒されたような感じがして少し嫌な気分になる。

山の中で夜になっても宿が見つからないので、さすがに不安になってくる。刻一刻と夜が深まるにつれて焦りだす。少しやけ気味になって、もうこうなったらなんとかフルダに行くしかないと覚悟する。かなりの距離があるし、夜の山道を走るのは少し無茶だが、泊まるところがないのでは仕方ない。

フルダに向けて、一〇キロほど走っていると道路脇にフォルカーズという村の標識が目に入る。丘の上に村があるらしい。ひょっとするとここにペンションがあるかもしれない。期待する反面、先ほど宿泊を断られたことが頭をよぎる。また嫌な思いをするのかもしれないと半ばあきらめながらも一応坂道を上ってみる。少し進むとペンションの看板があったので、さらに奥へ進む。高台になっている辺りにレストラン兼用のペンションがぽつんと建っている。少し焦り気味になって飛び込み、さっそく宿泊を頼み込む。

「今日は満室なんだけど。ちょっと待ってて」

六十代らしい、太った女主人が思案するような表情で答える。女主人の手が空くのをしばらく待った後に地下の一室に案内される。普段はワインセラーや物置に使われている部屋らしくて、少しうすら寒い。

「もう、ここしかないんだけど……」

「いや、ここで十分ですよ」夜も更けて山の中を走ることを考えれば文句などあるはずもない。飛びつくようにして、宿泊を申し込んで一件落着。

安堵の胸をなでおろしながら、汗まみれの体にシャワーを浴びて、食堂に向かう。

食堂には、周りの壁の辺りに所狭しと様々な骨董品が並べられている。壷があるかと思うと古いアイロンが置かれてある。芸術性の高いものというより昔の日用品の類が多い。ここの主人はよほど収集癖のある人物らしい。まさかというところで救われた開放感と主人夫婦がきさくで話好きなこともあってビールがうまい。銀髪の女主人はイギリス出身で、「主人がイギリスにいるころに知りあってね」と結婚のなれそめを語る。

女主人はやたらに表情豊かで、身ぶり手ぶりを交えながら即座に軽妙な受け答えをしてくる様子がなんとも見事。あまりの芸達者ぶりに感服して、「役者にでもなれば良かったのに」という言葉が口からもれてくる。

「私たちは日本を旅行したことがあるのよ」と話しだす。

「イギリスにいる甥が日本滞在中に知り合った日本人女性と結婚したので、夫婦で宇都宮での結婚式に出席したのよ」結婚式や日本を旅した時の写真を取り出す。

「日本の料理の量の少ないこと、もう本当にこれっぽっちしかないのよ」と目を丸くしていかにも驚いた様子で語る。それでも結構日本のことが気に入ったらしい。

鼻下にヒゲをたくわえた主人も女主人に劣らず客扱いに手慣れた人物だ。

主人が勧めてくれる自家製のシュナップスや果実酒を飲んでいるうちに近所の常連たちが顔を見せる。バスの運転手をやっている男性夫婦や実家に里帰りしてきた三十代の女性たちだ。フォルカーズは住民が六百人ほどの小さな村なので、このレストランがここの社交場みたいになっているらしい。

皆同じテーブルに坐ると話しが一段と弾み始める。

夜も九時ごろになって、五十代の女性八人のグループが現れる。今晩の宿泊客たちだ。外は雨らし

奥の席が女性サイクリストたち　右端は主人

く、雨具を脱いだりしている。サイクリング旅行の愛好者たちで、七〇キロほどの距離を自転車で走ってきたとのこと。そのタフさに驚かされる。女性たちも加わっての食事となったので食堂のにぎやかなこと。

部屋の雰囲気が盛り上がった頃合いを見計らって、主人がいかにも年代ものらしい品物をおもむろな手つきをしながら、一同の目の前に取り出す。六〇センチほどの長さの木製の器具だ。長方形の枠の中にねじ山が刻まれた二本の棒が通っていて、その棒に木片がいくつか付いている。木片の内側には丸みを帯びた窪みが付けられている。どうやらその窪みに棒状のものを挟み込み、ねじで締め上げて固定するクランプみたいなものらしい。

「これは、いったいなんだと思いますか？」主人が真面目くさった表情で質問してくる。皆答えが見つからない。

一息ついた後、「実は、これは、この地の王様が肥満した女王のことが気に入らなくて、女王の体を締め上げて細くするために使われた器具なんですよ」主人はいかにも、もっともらしい顔つきで話すのだが、もちろん信じる者などいない。笑い声が起きるだけ。

その後、皆がその器具を手に取って眺めている時、女性グループの一人がなにやら言ったとたんに大爆笑となる。しばらく笑いの渦が消えない。

女性グループが退席した後、主人が木製の器具を手に持って、「これはなんだかわかる？」と聞いてくる。

「だからさっき言っていたように、太った女王の体をスリムにするための器具なんでしょう?」

「それは私の説明した内容だよ。女性グループの一人が言ってたのはね。この窪みに男性の一物を挟んで締め上げて、男性の機能を持続させるための器具じゃないかということさ」

周りで起きた大爆笑の意味がわからないままに一緒につられて笑っていたのだが、やっとその謎が解けた。

その器具をじかに手に取って、あらためてよく見てみるとその窪みの形状から「男性機能維持装置」に思い当たった女性の想像力のたくましさに脱帽。

おもむろに立ち上がって、具合を確かめるように下半身のその部分に器具を当てる仕草をすると女性たちから悲鳴に似た笑い声があがる。

「これはちょっと自分のサイズには小さすぎるかな」と言うと周りの連中はみな腹をかかえて笑いだし、しばらく笑いが止まらない。

最後に女主人が「これはね、木の椅子の脚などを削ったりするときに、この窪みに脚を挟んで固定するための器具なのよ」と種明かし。やっぱり昔使われていたクランプの一種だった。

話しが弾み、一人退席した時はもう真夜中。宿に着いた時は疲労困憊だったのだが、偶然飛び込ん

秘蔵の「男性機能維持装置」

だ宿屋で予想外に愉快な一夜を過ごせたことに感謝。

八月二十六日　フォルカーズ～フルダ

走行距離　四〇・一キロ　　累計　三四一六・七キロ

朝食を摂る。今日はやたらに寒いので厚手の上着を着る。

午前九時、今にも雨の降りそうな空模様が気になるが、目的地のフルダまでは三〇キロほどしかない。なんとかなるだろうと気を引き締めて出発。

山々のなだらかな斜面に挟まれた道を上り下りしながら進む。しばらく走ると前方に五十人ほどの男女が隊列を組んで歩く姿が目に入る。そのうち、先頭の列の数名がトランペットを吹き始めると一同がそれに合わせて讃美歌を歌いだす。ゆっくりとその脇を通り過ぎて、ずっと前方を歩いている先導役の男性の隣を走る。

「なにをしてるんですか？」

「教会まで行進してるんだよ」

「プロテスタント？」

「いや、カソリック。ドイツにもカソリックは多いんだよ」

そのまま先へ進み、山を上りきった辺りで休んでいると、はるか下の山間の道を先ほどの隊列が進んでいく。緑の山々となだらかに傾斜する牧草地に囲まれた静かな村に讃美歌が響きわたる。

空模様がおかしくなり始めたので、フルダに向かって長い坂道を下る。

フルダに近づいたころ、坂道で荷物を満載した自転車を押すのに難儀している男性が目に入る。

七十歳くらいのドイツ人でイタリアまで自転車旅行をして、自宅に帰る途中とのこと。

「テントと寝袋を持参しての旅だったので、日が暮れてから、こそこそとテントを張る場所を探し回ってね。なんとか毎日、トラブルなしでテントに寝泊りしたよ」としてやったぞという表情で語る。

これからオランダまで走ることを話すと「ドイツの北からオランダに向かう場合は西風が強くなるからね。そのつもりで」とアドバイスしてくれる。

おだやかな表情の人なのでもう少し話をしていたかったのだが、雨が心配なのでその場でお別れ。

しばらく走って、フルダに到着する。間もなく雨となる。気温も二十度ほどしかない。間一髪、自転車では走れそうもない天候になったので、ほっと胸をなでおろす。

夕方になって、雨を気にしながら、町を散策。薄ら寒い、人影もまばらな街角には寂寥感が漂うば

荷物満載でイタリアから帰る途中のサイクリスト

かり。旅に疲れてしまった心で眺めているせいなのかもしれない。

八月二十七日　フルダ～バート・ヘルスフェルト

走行距離　六五・八キロ　　累計　三四八二・五キロ

午前八時すぎに出発。今日も北に向けて進むのだが、道がわからない。フルダ川のそばを走ろうにもこの辺りでは蛇行を繰り返しているので道が曲がりくねっていて複雑すぎる。町の観光案内所で自転車道の様子を尋ねるが、担当の若い男女には英語が通じない。そもそも、まともな情報も持ってないらしいので、あきらめて出発。

掲示板の道路の表示を見ながら進み始めるが、間もなく道を見失う。人に道を尋ねても英語が通じない。

時折、フルダ川を見つけてはそのそばの自転車道を進む。森や林、樹木の生い茂る丘のそばを走りぬけ、午後二時すぎにバート・ヘルスフェルトのユースに到着。モダンな感じの、きれいなユースだ。

外出して観光案内所で道を尋ねたりした後、ベトナム人経営のアジア料理店で食事。

隣りに坐っていた客のベトナム人女性と話す。

「ドイツに暮らしていて、言葉とかにストレスは感じないの？」

「小さいころに移住してきたから、つらいと感じたことはないわね」

「将来母国に帰国することを考えたりはしないの？」首を強く振りながら、滅相もないという表情をする。こちらの大学を出て、そのまま企業に勤めている女性のたくましさには感心するばかり。

八月二十八日　バート・ヘルスフェルト〜カッセル

走行距離　一〇一・六キロ　　累計　三五八四・一キロ

朝七時に食堂に行く。そばにいた夫婦から話しかけられる。昨日も庭先で親しみを込めた挨拶をしてきた四十歳くらいの男性とその夫人だ。

デュッセルドルフ在住のいかにも上品な感じのする夫婦で、よくサイクリング旅行をしているらしい。

「私たち、この数年、二回も日本旅行してるんですよ。東京や京都、奈良はもちろん金沢や九州にも行きましたよ。父の仕事の関係で小学校のころ、横浜に三年ほど住んでいたことがあるの」きれいな顔立ちの女性なので、そのころはさぞかし周りから可愛がられたはずだ。その体験もあって日本への愛着を特別なものにしているような印象を受ける。

こちらがロマンチック街道を走ってきたことを話すと「ロマンチック街道が日本人に人気があるのはなぜなの？」

「日本人はみなグリム童話に親しんで育ってるから、ドイツの古い町には郷愁みたいなものを感じてるんでしょうね」

「デュッセルドルフは日本人が多くて、毎年日本人の主催する祭りはこちらでは有名なのよ」

「今度日本に来る時は、北海道や沖縄をサイクリング旅行したらどうですか？」と勧めて二人に別れを告げる。

フルダ川に沿って北に進むが、小雨が降りだす。あわてながら走っていると自転車旅行中の四十歳くらいの長身の男性と出会う。

日本が大好きで上品なサイクリスト夫婦

「フルダまで列車でやってきて、そこから自転車旅行を始めたんだよ」

「同じ方向だから一緒に走りませんか？」ということになって走りだす。

「学校を出てしばらく軍隊にいて、今は化学会社に勤めてるんだ」

「軍隊は厳しいところなんでしょ？」

「とくにきつい思いなんてしなかったな。いろいろ勉強もさせてもらったし、いい経験になったよ」

男性は普段はあまり自転車には乗ってないらしくて、時折つらそうな表情になる。頻繁に休憩しないと進めないので、いつもとは違ってかなりのスローペースになる。

しかし、男性はドイツ人なので、道路の標識を読んだりするのはお手のものだ。地図を見て、走る道を決め、先に進む役を果たしてくれる。

トウモロコシ畑を指差して「エネルギー政策の一環として、これをエタノールに転換してるんだよ」と説明してくれる。

ドイツでは、やたらにトウモロコシ畑が目につくので、ドイツ人はよほどコーンフレークが好きなんだなと単純に思い込んでいたのだが、さすがにそれはなかった。

ローテンブルクのカフェで菓子パンにコーヒーの昼食を取り、午後二時ごろ、男性の目的地メルズンゲンに到着。

男性は「もうこれ以上は走れそうもないんで、予定どおりこの町で宿を探すことにするよ」と心底疲れきったという表情をしながら別れの挨拶を交わす。

いつもより、ゆったりしたペースで走って来たので幸い体力はまだ残っている。カッセルは四〇キロ先だが、なんとか行けそうだ。

フルダ川は川幅が十数メートルほどで両岸が樹木に覆われて、うっそうとしている。ゆったりとした流れに白鳥がのんびりと泳いでいる光景は見飽きることがない。

のんびりと会話を楽しみながら走った男性

高さが五〇メートルほどもありそうな陸橋の下を通りかかると高速列車ＩＣＥが猛スピードで頭上を通過していく。強風にあおられでもしたら事故が起きかねないほどの高さに思えてきて、少し心配になってくる。

順調に進んで、午後四時すぎにはカッセルに到着。カッセルはフルダ川の両岸にまたがる人口十万人ほどの大きな町だ。この辺りになると川幅も広がり、人々がレガッタなどのボートを楽しむ光景が心をなごませる。

ユースでは日本人の学生と同室になる。日本の話題に飢えていたので、ここぞとばかり日本のニュースを尋ねる。やはりここでも領土問題で紛糾している国内の様子を聞かされて少し不安になる。

もう一人の同室者はシュトゥットガルトでエンジニアをしている四十歳くらいのドイツ人。

「自転車旅行をしてきたけど、もう疲れ果ててしまって、これからは列車で移動するよ」とうんざりした顔をする。

三人で話しているうちに、大学生が日本から持ってきたマンドーラという弦楽器を弾いてみせたりして、座を盛り上げる。

玄関の辺りで、車椅子に乗った三十代の男性と会話を交わす。

「いま、カッセルで開催中のドクメンタを観にやって来たんだよ」

車椅子を押している男性と二人でイタリアから来たとのこと。五年ごとにカッセルで開かれるドクメンタは現代美術では世界的に知られたイベントでカッセルには世界中から美術愛好者が訪れてくるらしい。

「古い映画が好きで小津安二郎の映画とかよく観ているよ」こちらも古い映画が好きなこともあって、しばらく映画の話となる。

カッセルの町を歩くと広場にはドクメンタの展示物らしい前衛彫刻が並べられている。パッサウで泊まった奇抜なデザインのホテルもそうだったが、ドイツ人は前衛的なものへの関心が強いらしい。伝統的な美術がキリスト教一色に染め上げられていることへの反発みたいなものが背景にあるのかもしれない。

八月二十九日　カッセル〜バート・カールスハーフェン

走行距離　八二・五キロ　累計　三六六六・六キロ

朝、ドイツ人エンジニアから「ドイツにどんな印象を持ってるの?」と聞かれる。

「田舎の自然が豊かで、人々は立派な家に住んでいるし、自転車道は整備されているし、恵まれている国だと思うな」

「ドイツがそんなに豊かで恵まれているとは思えないけどね。そもそもドイツは二百年ほど前までは諸邦に分立していて、イギリスやフランスに比べて遅れた国だったんだよ。自転車道だって本格的に整えられてきたのはこの三十年くらいのことだしね」

謙虚で冷静なところがいかにも先進国の人間らしく余裕さえ感じさせる。

「イタリアでは馬券売り場みたいなところをよく見かけたけどドイツにはないの?」

「ドイツ人はギャンブルにはあまり関心を持たないよ。競馬もそれほど人気がないしね。日本では自転車競技がギャンブルになってるそうだね」と半ばあきれたような表情をする。ドイツは、イタリアとは違って、勤勉な国民性で貧富の差があまり感じられない国だ。おまけに清潔で万事が整然としている様子はいかにも優等生の国に思える。しかし、日本には至る所にある飲み屋の類は少ないし、社会全体にどこか遊び心に乏しい雰囲気がして、実際に暮らしてみたら少し退屈そうな感じがするのも事実だ。

午前九時すぎ、二人に別れを告げて出発。北に向けて、フルダ川沿いの自転車道を走る。

昼ごろ、ハンミョンデンに到着。今までそばを走ってきたフルダ川はここでヴェラ川に合流してヴェザー川と名前を変えた後、北に向かって流れて、最後は北海に注ぐ。これからはヴェザー川に沿って進むことになる。

この町のタイ料理店で食事。あまりのまずさに口に詰め込むようにして、やっとのことで食べ終える。きれいな町なので本当はゆっくり見物してみたいのだが、北海沿岸まであと二〇〇キロほどに近づいてきたのでとにかく北海を早く見たい一心で急ぐことにする。

午後四時ごろ、バート・カールスハーフェンに着く。疲れがひどくて、これ以上は走れそうにもない。ここのユースに泊まることにして、山の上のユースに向かう。坂道を上り、林の中にひっそりとたたずむユースを見つける。フロントで部屋があることを確認して、胸をなでおろす。

八月三十日　バート・カールスハーフェン～ボーデンヴェルダー

走行距離　七七・三キロ　　累計　三七四三・九キロ

朝、小雨でおまけに寒い。今日は走るのは止めて休養日にするつもりでフロントで宿泊を頼むと満室とのことでがっかり。

食堂に行くと五、六人の先客がいる。昨日は人がいる気配もなかったのでびっくり。玄関の辺りで小雨の中を出発しようとしている六十代くらいの男女四人の自転車旅行のグループと立ち話。

「カッセルからヴェーザー川に沿って、北海沿岸まで行く予定なんだ」自分と同じルートだ。もうこの辺りになると以前にはあれほど見かけた自転車旅行者の数もめっきり減ってしまったので心強い。

彼らを見送って、三十分遅れで出発。自転車道を進むが、間もなく道がなくなってしまう。対岸に移るしかないので、そばの船着場から渡し船に乗る。ところがなにか変だ。エンジンの音がしないのに船が動いている。よく見ると両岸の間にケーブルが張られている。そのケーブルには滑車が付いていて、それが船につながっている。川の流れを利用して、両岸を行き来している究極の省エネ船だ。

湿度が高くて、今にも雨が降りだしそうな空模様だ。

ホルツミンデンの辺りで自転車道を見失う。こういう時、手っ取り早いのは川を見つけることだ。

川のそばには自転車道があることが多いからだ。しかし、うっそうとした林に覆われていたフルダ川と違って、ヴェーザー川はどういうわけか川のほとりにはあまり樹木がない。少し川から遠ざかると川の位置がわからなくなってしまう。

自転車に乗った夫婦が通りかかったので道を尋ねると「私たちについてきなさい」と言われて、後ろからついていく。

「オランダからキャンピングカーで来て、いまこの近くのキャンプ場に滞在してるんだよ」とのこと。

ヨーロッパの大きな川のそばにはキャンピングカーの集まったキャンプ村をよく見かける。ヴェーザー川はドイツの大河だからこの辺りのキャンプ村は規模が大きそうだ。

キャンプ村のそばを通ったりすると半ば定住している人もいるような様子だ。ヨーロッパ人はリタイアした後は一切面倒なことを避けてなにもしない生活をベストと考えている人が多いらしい。そのせいもあって、このような生活に人気があるらしいのだが、せっかちな日本人には少し退屈すぎるような感じがする。こちらでは冬が長くて厳しいこともあって、その反動で人々は屋外の生活を求めるのかもしれない。

空模様がおかしくなってきたので先を急ぎ、ボーデンヴェルダーに着く。

ユースは丘の上だ。町から離れているので夕食もユースで取ることにして、食堂に行くと子供たちでいっぱい。

ユースが快適なのは、清潔で施設の造りがモダンでカラフルな色調だったりしていることもあるが、明るい雰囲気をもたらしてくれる子供たちの存在が大きい。

八月三十一日　ボーデンヴェルダー～ポルタ・ヴェストファーリカ

走行距離　九二・八キロ　　累計　三八三六・七キロ

食堂で昨日の朝、出発を見送ったグループを見つけて挨拶。

「昨日は夜の十時にユースに着いたよ」のんびり走ってきたらしい。

午前九時に出発。晴れ間も少し見えるが、気温が低い。ポロシャツの下にはTシャツを着ないとても耐えられない。

ハーメルンに向かう道路に進むが、ガードレールで周りから封鎖されている。高速道路に入ってしまったらしい。あわてて自転車を抱えて道路の真ん中のフェンスを乗り越え、反対車線に移って引き返す。

林と畑、静かに流れるヴェーザー川のそばを走る。ところどころに渦がまいているのでよほど深い川らしい。

ハーメルンに到着。「ハーメルンの笛吹き男」で有名な町だ。この話は十三世紀に町から大勢の子供たちが突然いなくなった史実がもとになっている。子供たちのその後を考えだすといつまでも心に引きずるものがあるので、ゆかりのものでも見物しようと町を回るが、公園でその像を見かけるくらいだ。先を急ぐので出発。

リンテルンを過ぎ、畑のそばを走っていると前方に荷物がひとりでに動いているのかと錯覚するほど大量の荷物を積んで進む自転車が目に入る。テントから寝袋、炊事道具まで持参しての旅らしい。後ろから見る姿は、まるで天道虫だ。

自転車が止まったので話しかけると六十歳くらいの銀髪の女性。

「ゲッティンゲンの大学病院で看護師やってるの。ミンデンにいる主人の所に行く途中なのよ」

女性はなかなかの話好きで話を聞いているだけで楽しくなるような人だ。

「イタリア、東南アジアなどに旅行したけど、イタリアの料理は高いばかりでおいしくないよね。でも、ベトナムには感心したわよ。勤勉で時間もきちんと守るし、しっかりした民族だね。有り合わせの材料を使って、あっという間に料理を作ったりしてみせるしね。その技はとにかくすごいよ」よほどベトナムが印象的だったらしく、その話を繰り返す。

「日本の女性もあれこれと世界の料理が作れる人は普通にいるよ」と言うと感心したような表情になる。

「とにかくドイツの料理のひどさはないわよ。レストランはなにかといえばシュニッツェルばかり。脂っこくて、外で食事するなんて考えられないわ」とドイツ人のくせにドイツの料理にはほとほと閉口している様子。

ヨーロッパは全体的に食事の水準が高いとは思えない。人々の舌のレベルが低い上に食材がかぎられたりしていることが関係しているのだろうが、手先の器用さに乏しく、万事大雑把すぎて、そもそも料理にはあまり向いてない人たちという印象がする。

夕方になって、ヴェーザー川が大きく方角を変える辺りを進む。小さな町に入ったころ、雲が厚くなったと思ったらついに雨になる。雨宿りをするが、いくら待っても雨が止まない。そばのパン屋に飛び込んで菓子パン、コーヒーで遅い昼食を摂る。しかし、雨は大降りになる。閉店時間の午後五時を過ぎても雨は強まるばかりで、いくら待っても止みそうにもない。

一人で店番をしていた若い女性に「この辺りに宿はある?」と尋ねてみる。

「一軒あるわよ。泊まれるかどうか聞いてあげるわね」と電話でその宿に確認してくれる。一泊二〇ユーロの民宿らしい。夕食のパンを買って、つり銭をチップに渡して、雨の中を出発。

辺りは静かな住宅街みたいなところだが、いくら探し回っても、目当ての宿が見つからない。雨宿りを繰り返しているうちに、びしょ濡れになってしまう。気温も下がり始めたので、あきらめて別の場所へ移動しようとしていると前方で一人の年配の男性が合図しているのに気づく。やっと宿が見つかった。

宿は大きな民家だ。さっそく三階の天窓のある屋根裏部屋に通され、人心地つく。七十代の夫婦が住んでいる家らしい。英語が通じないので、身ぶり手ぶりで話しているうちに通訳代わりの男の子が現れる。孫のギムナジウムの最上級生だ。お互いに自己紹介しあったりして雑談。

「卒業したらどうするの？」

「カナダに移住するんだ」

「軍隊はどう？　軍隊での経験が勉強になったという人と知り合ったりしたよ」

「でも、厳しいんでしょ？」

若者はやっぱりカナダの方がいいやという表情になる。ドイツは海外からの移民が押し寄せてくる、経済的には恵まれている国のはずなのだが、ドイツに物足りなさを感じている人もいるらしい。

九月一日　ポルタ・ヴェストファーリカ〜フェルデン

走行距離　一三四・七キロ　　累計　三九七一・四キロ

朝八時、朝食を終え、主人から見送られながら出発。わずか二〇ユーロの宿だったが心のこもったもてなしには感謝の言葉も見つからない。同じユーロ圏でありながら人々があまり勤勉とはいえないイタリアの物価が総じて高かったのに対して、働き者の多いドイツの物価が安いのはいったいどういう理由なのだろうかと少し不思議になる。

今日は天気もなんとか持ちそうだ。ヴェザー川左岸に沿って、ほぼ真北に進む。風がやたらに強い。やはり緯度が高くなってきたためらしい。風車も時折見かけるようになった。空は晴れているが気温が二十度を下回るほどになった。さすがにポロシャツだけでは寒いのでパーカーを着る。しかし、走り続ければやはり汗をかく。寒さを感じながら汗をかくというのも少し変な感じがする。

自転車道の標識が整備されているので今日はあまり道で苦労することはない。ヴェーザー川の右岸に移り、エストルクでパンの昼食を摂っていると、急に空模様がおかしくなり始める。

夕方、フェルデンのユースに到着。予約をしていなかったがなんとか泊まれたのでほっとする。二段ベッドが二組の部屋に一人だけだ。夕食を摂るため自転車で町を回るが、人影がない。工場などが無表情のまま並んでいるだけで情緒がない。

やっとサンドイッチ店を見つけて、持ち帰り用のサンドイッチを注文する。ところがこの店はやたらにハエが多い。ヴェーザー川流域には牛や馬、羊などが至る所で放牧されていることもあって、ハエが多いみたいだ。とにかく日本だったら客が逃げ出してしまうほどの多さだ。

こちらのパン屋では、ガラスケースは店員の側が開いたままになっているせいもあって、ケースの中をパンの甘さに誘われてきたミツバチが飛び回っている光景はよく見かける。

ドイツの田舎は清潔でゴミひとつ落ちてないし、スーパーなどでは果物を選ぶのにも買い物客たちがいちいちビニールの手袋を着けるくらいなのにハエやミツバチをいっこうに気にしていない様子がおかしい。

九月二日　フェルデン〜ブレーメン

走行距離　五二一・三キロ　　累計　四〇二三・七キロ

朝八時すぎに出発。

今日の目的地ブレーメンまでは五〇キロほどなので気が楽だ。

バーデンで橋を渡って、左岸を走る。道がわかりやすくなってきたのでもう迷うことはない。それでも方位磁石で北西方向を確認しながら走る。

しかし、昨日から尻の痛みがひどくなって、なかなか痛みが引きそうにもない。

とくに体に疲れがたまっているわけではないが、こんな状態では長い距離は走れそうもない。しばらく休養した方がいいのかもしれない。ヴェーザー川のそばを走りながら次第にブレーメンに近づいていく。柔らかな緑に覆われた川岸には遊歩道が伸びていて、サイクリングやジョギング、犬の散歩をする人々が目立つ。日曜日で少し晴れ間が出たこともあって人々が繰り出しているらしい。ヴェーザー川も河口が近くなってきていることもあって、さえぎるもののない岸辺の広大な風景は息をのむほどだ。

ユースはヴェーザー川沿いにあった。辺りはレストランが立ち並び、テラス席には人が溢れている。さすがドイツでも有数の大都市だけのことはある。

ユースの部屋は一人だけだ。そばのレストランで食事を済ませた後はユースでのんびりして過ごす。

フロントでビールを注文する。

「瓶のままで飲むからグラスはいらないよ」

「いや、このビールはちゃんとグラスに注がないとうまくないよ。ビールをおいしく飲むには注ぎ方にもこつが要るんだよ」と手慣れた手つきでビールをついでくれる。

ユースだからといって担当者の質が落ちるということはない。ドイツでは、徴兵で軍隊に行くのが嫌な人はユースなどの公共の施設で労働奉仕をすることになっている。そんなこともあって、ユースにはむしろ気持ちのいい人が多いように感じる。

夕方になって、町を散策。駅に向かって歩くと駅の周辺のレストランやバーでは店の外に所狭しとテーブルや椅子が並べられて、客がひしめいている。これを見ているとどこかで見たような、なつかしい感じがしてくる。日本では飲み屋街などでいつも見慣れている光景だ。

ドイツの清潔で一分の隙もないほどに整った普段の様子よりも雑然としたものに安らぎを覚えるのは自分が日本人だからなのだろうか。

九月三日　ブレーメン～ノルデンハム

走行距離　八七・一キロ　　累計　四一一〇・八キロ

朝食を摂っていると夜半を過ぎて入室してきた男性が話しかけてくる。

「自分もサイクリングが趣味で小旅行はやってるよ。海洋を研究していて、シュトゥットガルトの大学で教えてる」と自己紹介される。落ち着いた、やさしそうな感じのする五十代の男性だ。

海洋の知識などあいにく持ち合わせてないので、取りあえず、「日本の研究では、謎だったニホンウナギの産卵場所が特定されつつあるようですね」と話してみる。

「自分の研究は漁業とは関係なくて、海洋の地質が専門なんだよ」

「ドイツは領海が狭いけども深海調査艇みたいなものはあるんですか？」

「一応あるよ。日本のしんかいみたいに大きくはないけどね」

「ヨーロッパは、夏でも気温が低くなるので驚きましたよ」

「こちらの夏は短いよ。ヨーロッパの北はとくにそうだよ。それに、この季節は、ドイツの北では結構雨が降ったりするからね。サイクリング旅行をするには時期が少し遅すぎたようだね」

緯度が高くなるにつれて、風が強くなることはあまり気にしてなかったのだが、気温の下がり方がこれほど急激なものとは予想もしていなかった。

もともと六月中旬から自転車旅行を始めるのは時期的にかなり遅い。それにヨーロッパを東から西に向けて自転車で走るのはここを吹いている偏西風が逆風になるため、通常のルートとは反対の方向になってしまう。旅自体が本来の姿ではないので、いろいろ不都合があったとしても我慢するしかない。

部屋に戻って、男性に別れの挨拶をするとビールを一本くれる。有難く頂戴して、出発。

どんよりした曇り空で今にも雨が降りだしてきそうだ。ヴェーザー川の右岸を走り始めるが、すぐに行き止まりとなる。この辺りはヴェーザー川の支流や運河がいくつも流れていて、中洲になったりしているので、なかなか道が見つからない。

右往左往しながら、やっと迷路から脱出する。ヴェーザー川の左岸の道路を見つけて進む。道路の右側が土手になっていて、その向こうにヴェーザー川が流れているのだが、柵が張り巡らされているので川を見られないのが残念。

道路沿いに萱葺き屋根の民家を見かけるようになった。日本の藁葺き屋根の農家を思い出し、少しなつかしい気分になる。ヨーロッパにもこの種の建物があることを知って、さすがに驚く。こちらの石造りの家に慣れきった目には、萱葺き屋根の家の醸し出す、温かみのある雰囲気はやはり新鮮に写る。

エルスフレートという小さな町で昼食。ここで久しぶりでヴェーザー川を見る。川幅のあまりの巨大さに圧倒される。もう、かつてのヴェーザー川の面影はどこにもない。

二百十二号線を走るとやたらに大型車が多い。おまけに警笛をしきりに鳴らされる。これはまずいと焦りながら道を探すが脇道が見つからない。気がつくと後ろにパトカーが速度を落としながら近づいてくる。

「しまった！」と思うがもう遅い。

「ここは高速道路だぞ！　他の道に移動して！」二人の警官はそう言い残して、そのまま立ち去っ

萱葺きの家

たので、ほっと胸をなでおろす。

こちらでは高速道路が一般道路から遮断されてないことが多いので、道路標識に気づかないままに高速道路に進入してしまうことがある。もっと標識がわかりやすければいいのだが、見落としていたのは確実だから文句はいえない。

ローデンキルヒェンに向けて走っていると五十代らしい自転車の男性が隣を走りながら話しかけてくる。

「北に向かう道がよくわからないんだけど」

「道だったら教えてあげるよ。自分の家に来なさいよ」

そこで男性の後ろについていき、近くの男性の自宅に招かれる。

リンゴやナシの木の植わっている広い庭を眺めながら飲み物をいただく。

「僕もロードレーサーで走ったりするのが好きでね。十キロほど先の職場まで毎日自転車通勤してるよ」

キャンピングカーも置いてある。

「スイスやイギリスにキャンピングカーで行ったりしたけれども乗るのは年に二週間ほどかな」

「この家はね、百年もたっていて、もとは馬小屋だったんだよ。それを自分で改造したんだ」男性はよほどこの家が気に入っているらしい。よく整備されていて、とてもそれほど古い家とは思えない。物置も工作室みたいになっていて、自分で家の改築をしたりするのが趣味の人らしい。

「途中で萱葺きの家を見かけたんですけど」

「萱を使った家は断熱効果があるのでこちらでも人気があるよ。冬は暖かくて、夏は涼しいからね。でも、材料が高いので金持ちしか住めないよ」

話題がこの辺りのことになると「この先のクライネンジールには原発があるんだよ。でも、政府が原発を閉鎖する方針を打ち出しているから、若い人たちは仕事がないので、ここから移住するしかないよ」と顔を曇らせる。

話し終えると男性は庭のナシをもぎ取ってくれ、途中まで見送ってくれる。

問題の原発の隣を抜けてノルデンハムの町外れにあるユースに到着。広い敷地の裏手にヴェーザー川が流れている。

九月四日　ノルデンハム～ブレーマーハーフェン

走行距離　五二・一キロ　　累計　四一六二・九キロ

いよいよ心待ちにしていた北海を見にいく日となった。空模様も上々。午前九時すぎにブレーマー

陽光に輝く遠浅の海　北海

ハーフェンに向けて出発。荷物はユースに置いたままの日帰り旅行だ。

ヴェーザー川の左岸を走る。ブレクセンという小さな町に着き、そこから渡し船に乗る。この辺りになるとヴェーザー川も海のすぐそばになるので息をのむほどの巨大さ。間もなく、対岸のブレーマーハーフェンに着く。フランクフルトと並んでドイツを代表する港町だけあって、近代的な雰囲気に包まれた産業都市だ。

右往左往しながら、北に向かう道を探し回って進む。左側は港湾の施設になっているのでその外側を走る。時折、巨大なクレーンや停泊中の船が見えるだけで海の見える埠頭のような場所が見つからない。しばらく走り続けているとようやく民家が見え始める。そこを通り抜けて、土手の上に出るとずっと先に陽光に輝いている遠浅の海が姿を見せる。北海だ。これで念願だったヨーロッパ縦断を達成したことになるので、ささやかな開放感にひたりながら、しばらく海を眺め続ける。

残る目標はアムステルダムに向かうだけとなった。いよいよ帰国できることになったので気持ちが軽くなってくる。

そばにサイクリング中の老夫婦がいたので立ち話。

「ハノーファーからキャンピングカーで近くのキャンプ場に来てるんだよ」

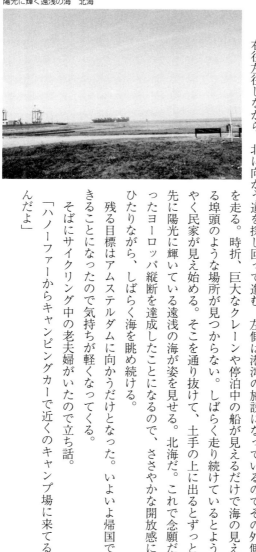

「よくキャンピングカーでは旅行するんですか？」

「いや、年にそんなには乗らないね。時々、親戚が使ったりするけどね」

昨日の男性もそうだったが、しまり屋のドイツ人が年にそれほど使わないものに大金をかけるというのもやはり余暇に対する考え方が日本人とは根本的に違うようだ。

ブレーマーハーフェンの町に戻って、アジア料理の店で食事した後は町を散策する。

九月五日　ノルデンハム～フリーゾイテ

走行距離　一〇四・二キロ　累計　四二六七・一キロ

いよいよアムステルダムに向けて出発だ。オランダ国境までは直線距離で二〇〇キロほどしかないので、先を急ぐような気持ちになる。

北海を眺めると気分が一気に帰国モードに切り替わってしまったようだ。

アムステルダムは南西の方向に位置しているので、取りあえず、西に向かって走る。

高速道路に入り込むことを避けるため、できるだけ小さな道路を選んで進む。曇り空で気温が二十度ほど。道路は平坦で辺りは牧草地が広がり、人の気配がない。まだ九月の初めだが、陰鬱ともいえる周りの雰囲気に圧倒される。

午後二時、バード・ツヴィッシェアーンのユースに着くが、残念ながら満室。仕方なく次の町に行くことにして南の方向へ走っていると道路の左側の建物に「ＴＯＲＡ」と書かれた看板が目に入ってくる。どう考えても「ＴＯＲＡ」は日本語だ。よく見るとそばに赤い鳥居らしきものまで建っている。なにやら、日本にゆかりのある建物らしい。興味がわいて、近づいてみると一人の中年男性が庭木に水をやっている姿が目に入る。

「この建物はなんですか？」

「松濤館流の空手道場だよ。少し見ていったら」と言われて庭を見せてもらう。

「ここでは空手のほかには合気道や古武道、太極拳も教えていて、自分は空手を二十年もやってるよ」胸板の厚さはさすがだ。

庭には竹やススキが植わり、庭石まで置かれてある。小さいながらも日本庭園だ。賽銭箱に一ユーロ硬貨を入れる。

「仕事で庭木の栽培をやってるんで、ボランティアでずっとこの庭の世話をしてるんだ。この日本庭園はいい線いってるだろ？」と念を押してくる。

本音をいわせてもらえば、庭木の種類が日本のものとはだいぶ違っているし、苔も生えてないので、少し変な感じもするのだが、一応は日本庭園なので「素晴らしいよ」と答える。男性はそうだろうと納得した表情。

道場はまだ閉まっているので、外からのぞかせてもらうと四方の壁の上の方に流派の創始者たちの肖像写真が丁重に飾られてある。いかにも精神的なものを重視している様子で文字通りの道場であることに感心。

「四十歳のドイツ人の先生が教えていてね。夕方の開館時間まで待って、先生や門下生たちに会っていったら?」と勧められるが先を急ぐので固辞して出発。

フリーゾイテまで走り、ホテルを探す。一軒目は満室。近くのホテルを紹介してくれたのでそこへ向かう。

一応は三ツ星の看板のある五五ユーロのホテルだが、家族でやっているペンション風の宿だ。フロントを担当しているのはその家の娘らしい。

宿泊の手続きを終えて、念のために「クレジットカードで支払えますよね」とその女性に尋ねる。そのとたん用事を思いだしたような表情をして奥の部屋に姿を消してしまい、いくら待っても戻ってこない。仕方なくそのまま食事に外出。

ベトナム人の店でアジア料理の夕食を摂る。ベトナム料理というより、無国籍風の料理の店で安直な味だが、ドイツ人が普通に食事をしている様子を見ているとこの種の料理店は完全にドイツ料理の一部になっているらしい。

九月六日　フリーゾイテ～メッペン

走行距離　七六・八キロ　　累計　四三四三・九キロ

朝食を済ませて、フロントで宿泊料を支払うために、クレジットカードを差し出す。娘がカードを端末に入れて「あれ、さっきは動いたんだけど。機械の調子が悪いみたいだわ」とつぶやく。カード払いが難しそうなので、仕方なく現金で支払う。

この女性は昨日もクレジットカード払いの話しを始めたとたんに奥の部屋に入ったきり、出てこようともしなかったので、見えすいた芝居をしているとしか思えない。低料金の宿では確かに現金払いが普通だが、五五ユーロともなれば一応ホテルの値段だ。長旅をしていると現金が貴重になるのだが、下手な芸までされて現金で支払わされたので後味の悪さだけが残ってしまう。

朝八時に出発。気温も二十度を大きく下回って、日本ならば秋の終わりの気候だ。南西方向に進む。オランダとの国境が近づいてきたので先を急ぐ。

タイ料理店を見つけて入る。メニューを持ってきたタイ人女性に英語で「鶏肉が苦手なのでポークかビーフの料理を」と伝えるがこれがまったく通じない。何度繰り返しても通じない。ドイツ語のメニューが読めないので、しびれを切らして仕方なく適当に指を差すと出てきたのはなんと鶏のから揚げ。手もつけないで金だけ払ってそのまま店を出る。

森の中の道を進む。人が見当たらず、一人で黙々と走るだけだ。荒涼とした、陰鬱な風景が続く。

たまに人を見かけたりすると道を尋ねるのだが、英語が通じない。前回の旅ではドイツ人の英語の上手さに舌を巻いたものだが、今回は正反対だ。ドイツでも北の方はだいぶ様子が違うらしい。

二ケ月前には炎天下でほてった体を冷やすために木陰を探しながら走っていたのに、今は逆に寒さをしのぐために日当たりのいい場所を選びながら走る。季節が移り変わるのも早いものだ。

午後三時、メッペンに着き、ユースに向かうが満室。町の観光案内所に行って、町外れの三五ユーロの宿を紹介してもらって投宿。

九月七日　メッペン〜ウェルゼン

走行距離　五九・八キロ　　累計　四四〇三・七キロ

液体ヨーグルト、ナシ、パンで朝食を済ませて、朝七時に出発。風が強く冬を思わせるほどの寒さ。今日はオランダとの国境のすぐ近くの町まで走り、そこのユースでドイツ最後の日を過ごす。

メッペンの中心に向かうと自転車通学の生徒たちの姿が目立つ。ほぼ南北に流れている運河のすぐ脇の道路を走る。

自転車道の右側には運河、左側は鬱蒼とした森になっていて、人影がない。一〇キロほど走って、西に向かう道路に移動する。相変わらず風が強く、陰鬱な空模様の下を黙々と走る。ひたひたと孤独感が押し寄せてくる。

オランダ人のグループと　中央が筆者、右端がリーダー

道路が平坦なこともあって、順調に走り続け、昼すぎに今日の目的地ウェルゼンに到着。ウェルゼンはオランダとの国境まで最も近いところだとわずか五キロほどの位置にある小さな町だ。ユースは住宅街の外れの森の中にあった。広い中庭を囲むように平屋の部屋が配置されているコテージ風の建物で辺りには人影がない。夕方の五時にユースが開くので庭で待っていると中年の男性たちが中庭に現れる。サイクリング旅行にやってきたオランダ人のグループだ。このユースはオランダ国境のすぐそばなのでオランダ人の利用者も多いらしい。

ユースの食堂に集まって、夕食会が始まる。連中の間に坐って、かれらが持参してきたビールやワインをご馳走になりながら、一緒に談笑して過ごす。

このメンバーはアムステルダムの近くに住んでいる六十歳くらいの人たちで、仕事も警察官から消防士、会社員だったり雑多な集まりで半数がリタイアした人たちらしい。よほど気の合った仲間らしくて、終始笑いが絶えず、なごやかな雰囲気に包まれている。

小柄でやせ型の男性が「タイ、ラオスからベトナムまで三ヶ月かけて自転車旅行をしたよ。食べ物はうまいし、物価は安いし、最高だったね」と話しかけてくる。

「キューバも自転車で旅行したよ。宿の朝食がトマトにパン、それ

で昼食がトマトにパン、そして夕食がトマトにパンだった」飄々とした語り口で笑わせる。

さらにもう一人のメンバーはモスクワからアムステルダムまで自転車旅行したとのこと。ヨーロッパでは自転車旅行が盛んだが、これだけの旅行歴があるのは、さすがに猛者の集まりだ。

「ところで、これからどういう経路で走るの？」

「ロッテルダムを回って、アムステルダムに行き、そこから帰国の予定なんですが」

「ロッテルダムはドイツ軍の空爆にやられてしまったから、古い建物なんか残ってないよ」と言われて、オランダに入国した後はそのままアムステルダムに直行することに決める。

夕食が終わると皆で近くのカフェまで歩いていく。

メンバーのリーダーは元警察官の大柄で温厚な人物。この人はいつも「ミスター・モト！」と呼びかけてくる。ミスター・モトはミステリでは日系米人の探偵の名前だ。よほどのミステリ通らしい。

コーヒーを飲み終わると今度はユースに戻って、中庭で本格的な酒盛りとなる。

朝は冬を思わせるほどの寒さだったのが、午後遅くなって気温が上がりつづけ、夜の十一時になっても暖かい。日本ではあまり経験したことのない気温の変わり方に驚かされる。

飲み会は夜中まで続いて、やっとお開きになる。明日はいよいよ最後の国オランダへ入国だ。

九月八日　ウェルゼン～アーペルドールン

走行距離　一二〇・二キロ　　累計　四五二三・九キロ

朝九時、オランダ人のグループのリーダーに別れの挨拶をした後、出発。昨日は愉快なひと時を過ごさせてもらったので名残惜しいが、これも旅にはつきものだ。

今朝はパーカーがいらないほどの暖かさ。静かな住宅街の中の小道を走る。

第十一章　オランダ　森の小道を

ゲーテロという町を過ぎて、オランダに入国。辺りは車も人影もまばらな田舎町。方位磁石で進路を確認しながら進む。そのうち、気がつくといつの間にか森の中に入ってしまう。

森の中の自転車道を走る。とにかく、行けども行けども森がつきない。どこを走っているのかわからなくなり、さすがに焦りだす。サイクリング中のグループがいたので道を教えてもらって、やっとのことで森から脱けだす。オランダは小さな国だが、平地にこれほどの広大な森を持つオランダの豊かさに感心するばかり。

ホルテンを通り、ゴルセルという町に着く。安宿を探し回るが、どこも満室。

一軒のB&Bに行ってみるとそこも満室。

「しばらく待ってなさい。他のホテルを探してあげるから」と女主人がコーラを出してくれて、三十分ほどもあちこち電話で空室を探してくれる。

「今日は土曜日の上に天気が良くなって人出が増えててね」

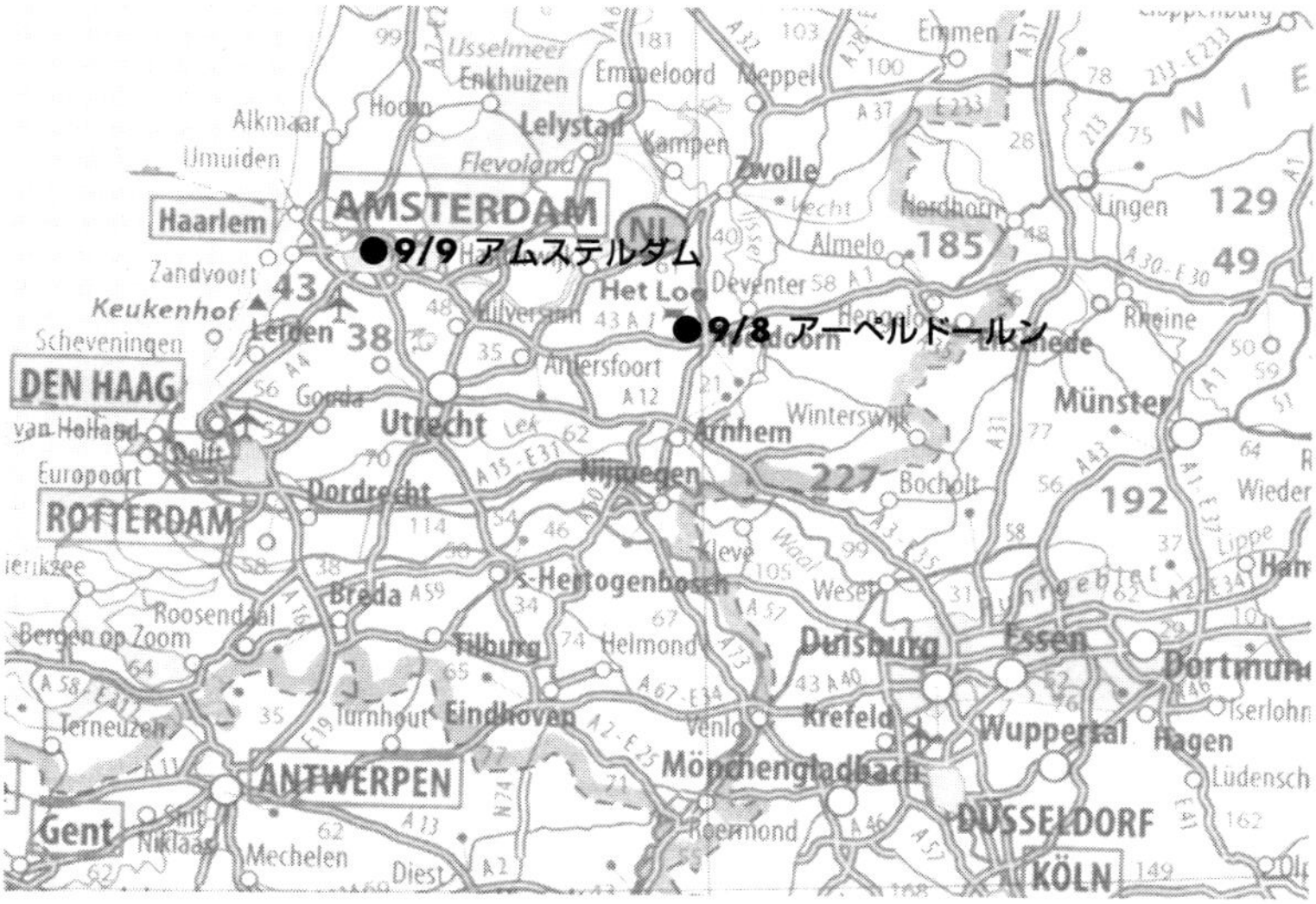
●9/9 アムステルダム
●9/8 アーペルドールン
AMSTERDAM
DEN HAAG
ROTTERDAM
ANTWERPEN
DÜSSELDORF
KÖLN
Haarlem
Utrecht
Arnhem
Nijmegen
Dordrecht
Breda
Tilburg
Eindhoven
Duisburg
Essen
Dortmund
Münster
Gent

やたらに親切な人なので、こんないい宿に泊まらない手はない。「普通の宿泊料は払いますから、物置でもいいから泊まらせてくれませんか」と何度も頼み込むがやはり断られる。結局、泊まることはできなかったが、やさしい気配りがいつまでも印象に残る宿だった。

仕方なく、道端のホテルを探しながら西に進むが、いっこうにホテルは見つからない。そのまま進んでアーペルドールンという町に着く。オランダ王室の宮殿もある所らしく、森の緑に囲まれた、きれいな町だ。食料品店で安宿を教えてもらって、そこに行くがここも満室。ほとほと嫌になり、途方に暮れてしまう。旅先で泊まるところが見つからないほどつらいことはない。それでも、必死になって探し回って、やっと空室のあるホテルを見つける。八五ユーロの宿だ。どこも満室状態なのに空室が残っているくらいなので、どうやら人気のないホテルのようだ。

案の定、自転車置き場も屋外の露天のものしかない。ユースでさえも屋根つきの自転車置き場ぐらいは完備されているのが当たり前なので、さすがにあきれる。おまけにフロントにはホテル周辺の地図も置いてない。従業員の応接にも気配りらしきものも感じさせない。なんとも最悪のホテルに泊まってしまった。

外出して、フライ物の店でソーセージの揚げ物やフライドポテトを買ってきて、ホテルの部屋でビールを飲みながらの夕食となる。宿探しに奔走させられたあげく、最低のホテルでのわびしい食事になってみじめな気分。あと少し頑張れば日本に帰れると思い直して、自分を慰めるしかない。

さすがに素晴らしいオランダの自転車道

九月九日　アーペルドールン〜アムステルダム

走行距離　九九・七キロ　　累計　四六二三・六キロ

朝七時すぎにホテルを出発。目指すアムステルダムまではあと六〇キロほどだ。広大な森の中の道を走り始める。まだ早朝ということもあって、薄暗い森の中はまだ人影がない。平地に森が広がる光景は日本でもあまり目にすることがないこともあって、その素晴らしさにため息がもれてくる。おまけに気温が上がってきたのでなんとも心地いい。

森の緑に囲まれた国道のそばには広い自転車道が続いている。オランダの自転車道は世界的にも知られているだけあって見事なものだ。しばらく走っていると後ろからロードレーサーに乗った四十歳くらいの男性が話しかけてくる。

「どこへ行くの？」

「アムステルダムまでだよ」

走りながら今までのルートを話したりしているうちに、通りかかったカフェに立ち寄っての会話となる。

「動物用の注射針を作る会社を経営してるんだ。日本からも引き合いがあったりするよ。アムステルダムみたいな人の多いところが苦手なんで、この近くに住んでるんだ」

森の広がる国立公園の辺りに家を構えて、ロードレーサーでサイクリングを楽しむ日常とはなんともうらやましい身分の人だ。

そのうち携帯電話でアムステルダムのユースの予約をしたり、経路をノートに書いてくれたりする。男性に別れを告げて、教えられた経路を走り続ける。午前中はほとんど人影を見かけなかったのだが、そのうち森がなくなり、民家が増え始め、町が現れ、その町が次々と入れ替わる。あと少し走るだけで長い旅もいよいよ終わると考えだすと徐々に気持ちが軽やかになってくる。

夕方、アムステルダムに到着。ついに最終の目的地に着いたので開放感に包まれる。しばらく、その余韻を味わいながら町の中を進む。

日曜日で天気になったこともあって、辺りは人で溢れ返っている。住所を頼りにユースのあるフォンデル公園の辺りにたどり着く。目指すユースを探しあぐねて、自転車に乗った男性に場所を尋ねる。

「ここで少し待ってなさいよ。ユースを見つけてくるから」

やがて戻ってきた男性に連れられてユースに到着。

ラウンジで男性と一緒にビールを飲みながら雑談となる。

「オランダは広々として自然も豊かな国なので感心しましたよ」

「いや、オランダも東の方は森があったりするけど、西側の海沿いの町は家がびっしりと立ち並んでるよ。なにせ、オランダの人口密度は世界でも最高のレベルだからね」

平地に森が延々と広がる光景を眺めながら走ってきたばかりなので、そう言われてみて初めてオランダが人口密度の高い国だったことを思い出す。

しかし、国土が狭隘にもかかわらず、安易に開発を進めたりしないで、できるだけ自然環境を残そうと努力しているオランダの姿勢には感心するばかり。

「ところでオランダ語は綴りも発音も英語とはかなり違った言葉みたいに感じるけど、どうしてオランダ人は英語が上手なんですかね？　やたらに外国語が得意みたいですね」

「オランダは貿易でしか生きていけない、小さな国だからね。小学校の時から英語を勉強してるよ。それに英語やドイツ語とは結構似た所があるから、ある程度は相手の言っていることはわかるんだよ」

男性は間もなく出発するスペインの聖地サンティアゴ・デ・コンポステーラへの巡礼の旅のことを話し始める。

「長い旅だから、いろんな人たちと出会ったりして、話をするのを楽しみにしてるんだ」

旅の楽しみ方は人それぞれだが、様々な人たちとの出会いほど興味深いものがないことには、まったく同感。

男性を見送った後、ラウンジにいた日本人女性としばらく雑談。三十歳くらいの千葉出身の陶芸家だ。千葉さんと呼ばせていただく。この千葉さんは、三ヶ月間、一人で北欧を旅して、間もなく帰国するとのこと。

千葉さんは英語も苦手といいながらも長旅ができるのはよほどたくましい人らしい。

九月十日　アムステルダム

走行距離　二二・一キロ　　累計　四六四四・七キロ

今日は空港に行って、帰国便の予約をしなければならない。アムステルダム中央駅からスキポール空港まで電車で向かう。

航空会社のオフィスで帰国便を予約。便の空きがなくて十八日の出発となる。チェックインの際には、自転車はダンボール箱に収納して持ち込むことになっているので、これからその算段をしなければならない。

ユースに戻り、ラウンジで日本人の男子学生の二人連れとしばらく雑談。日本人の学生に盗難の被害が多いらしいので「旅では危ない目にはあわなかった?」と尋ねてみる。

「さっき町を歩いていて、ポシェットのチャックがいつの間にか開けられてましたよ」

この話を聞いているうちに、自分がなんとか犯罪に巻き込まれないで済んだのは幸いとしかいいようがないと感じた。ひょっとして金とは縁のないような雰囲気を発散させているのかもしれない。

部屋は二段ベッドが七組でほぼ満室、端にはテーブルが置かれ、窓際には宿泊客たちのタオルや下着が干されたりしていて、いかにも雑然としている。

スペースが狭いので、部屋ではベッドに寝て過ごすしかない。部屋の住人たちが外出して静かになった後、ベッドの上段で休んでいると真下のベッドから、もう一人部屋に残っていた男が声をかけてくる。

アランという五十歳くらいの男だ。

「これから友人とフランスの川下りに行くことにしていて、その途中アムステルダムに立ち寄ったんだ」と話しだす。

「母親がフィリピン人で父親がアメリカ人。二十歳まで、マニラに住んでたんだけど、その後、アメリカに移住して、今はカリフォルニア暮らしさ」

風貌にわずかにアジア系の雰囲気を残しているが、長身でハンサムな白人男性だ。「コンピュータ関係のエンジニアをやっていたけど、今はリタイアしてもっぱらアウトドアの生活を楽しんでるよ」

いかにも、繊細で優しそうな感じのする男だ。完璧なネイティブの英語を話すが、わりに聞き取りやすい。

「旅行中、耳にしたアメリカ人の若者たちの英語がまったく理解できなくて、弱ったよ」

「いや、自分だって若い連中の会話は聞き取れないよ」と言われて少し安心。

アランが息子とヨセミテを歩いた時の画像をパソコンで見せてくれるが、あまりの見事なカメラのテクニックに驚く。よほどの美的センスの持ち主らしい。

夕方になって、アランと一緒に外出。コーヒーショップから流れ出たマリファナの甘い香りにむせながら、マリファナやマジックマッシュルームを売っている店などを見て回る。

世界各地の料理の店が立ち並ぶライチェ広場の近くで和食の夕食となる。

九月十一日　アムステルダム

走行距離　四・六キロ　　累計　四六四九・三キロ

朝から雨が激しく降る。アラン、千葉さん、新しく知り合った愛知県の医大生と一緒に朝食を摂り、ラウンジで雑談。

千葉さんがスマートフォンで自分の陶芸作品の画像を披露すると絵が好きなアランが熱心に感想を述べる。医大生も現代美術に関心があるほどの美術愛好者なので話が盛り上がる。それに引き換え、美術などにはおよそ感受性が欠落している自分がなんともみすぼらしい存在に思えてきて、少し情けなくなる。

「旅行中は、こちらには日本のアニメやゲームなどに関心のある人が多くて、よくその話題になりましたよ」と千葉さん。

ほんの少し前まで、外国では、日本人の生魚を食べる習慣を野蛮なイメージでとらえていたり、大人までが漫画本に夢中になっている様子をあたかも日本人の幼児性の表れみたいな見方で報道されたりしていたのだが、最近の海外での反応の変わりようには驚くしかない。

部屋に戻り、アランに「ところで、アメリカ人はどうしてあんなに宗教好きなんだろうね？」と尋ねる。歴史的にも文化的にも若くて過去を引きずっていないはずの国、アメリカで人々の宗教心の篤さがやたらに目立つのが気になっていたからだ。

「宗教なんて自分には無縁なものさ。愚か者のすることだよ。自分の住んでいるマリブーの周りの連中だって皆そうだよ」と突き放すような言い方をする。アランの考え方が、自分の抱いていたアメリカ人のイメージとは大違いなのであっけにとられる。やはり、アメリカ人といっても人さまざまだ。

美術愛好家のアランは美術館巡りに出かけたりしているが、こちらは自転車の荷造りの準備があるので観光はしばらくお預けだ。

町の自転車店に相談して、結局、この店に自転車を持ち込んで、ダンボールに箱づめしてもらい、タクシーでユースまで持ち帰ることにする。これでなんとか肩の荷を下ろした気分になる。

九月十二日　アムステルダム

夜半、ふと目が覚める。部屋の連中も皆寝静まっている。斜め下のベッドの上で若い男が枕下のライトの下でなにかやっている。なにかをつまんできては、破り取った雑誌の切れ端の上にそれを載せたりしている。根をつめた作業をやり終えると男は上着を着て、外に出ていった。マリファナを吸いにいったらしい。マリファナを吸うと時間の感覚がおかしくなると耳にしたことがあるが、それが二十分近くも続いたのには驚く。

朝、激しい雨となる。ベッドに寝転んでいると夜中にマリファナを調合していた男がベッドでまた同じことをやっている。部屋のテーブルにもマリファナの吸いがらが転がっているくらいだから、ここではマリファナを吸うくらいは日常の光景だ。

部屋の住人は日々入れ替わる。次々と新入りがやってきては、古株が去っていく。国も違えば、肌の色も違う。街角では避けて通りたくなるような、すごみのある黒人がいるかと思えば、いかにも思慮深そうな雰囲気の黒人もいる。

民族音楽のフェスティバル目当てにやってきたアメリカ人は「やっぱり、ユースはいいね。普通のホテルはつまらないよ」と同意を求めてくる。

宿で知り合った人たちと屈託のない会話を交わすのは旅の楽しみの一つだが、とくにユースで同室になった者同士では距離感が密なこともあって、自然に会話が弾んでくるのが楽しい。

玄関に行くと、同室の京都出身の大学生が三十歳くらいの日本人女性と立ち話をしている。ユースのチェックインの時間には早すぎるので彼女の荷物を京都君が預かって二人で町の見物に出かけるところとのこと。

そのまま外出して町を散策しているとその二人連れとばったり出会う。

これからアンネ・フランクの家に向かうところと聞いて、一緒に行くことにする。

運河沿いの道を西に向けて歩く。しばらく進むと教会のそばに長い行列が続いている。その列に並んで中に入る。アンネの父親の会社の一部を改造した隠れ家はまともに日も差さない狭苦しい部屋だ。すぐそばの教会の鐘の音を聞きながら、二年ほど過ごした後にゲシュタポに踏み込まれ、収容所で短い命を終えたアンネのことを思うと切なくなってくる。

しかし、前回の旅のアウシュビッツでも感じたことなのだが、それほど遠くもない過去に起きた事実がまるでフィクションの世界の出来事のように思われる。時代背景の隔たりが大きすぎて、他人の運命を理解することの難しさを痛感する。

その後は、飾り窓の女たちを見物に向かう。およその見当をつけて運河のそばを北に向かって歩く。しばらく右往左往して、マリファナの匂いが立ち込める辺りを歩いていると、なにやら怪しげな雰囲気が漂い始める。なにげなく路地に入ってみると大きなガラス窓が並び、その向こう側に下着姿の女性が立っているのが目に入ってくる。三人とも緊張しながら、まるで逃げ出すようにして迷路のような路地を通り抜ける。途中、教会の前にもその種の店が並んでいたのには度肝を抜かれる。さすがはマリファナ、人工中絶、安楽死が公認されている、なんでもありの国だ。

見物を終えると買い物にいく女性と別れて、京都君と二人で土産物店をのぞきながらユースまで歩いて帰る。

ユースでは日本人の女子学生たちとラウンジで話したりして過ごす。ところが、夜九時になっても途中で別れた女性が戻ってこない。相手の名前も知らないまま荷物を預かっている京都君もさすがにあわて始める。どうしたらいいものかと女子大生たちも一緒になって、気を揉んでいるうちに午後十一時を過ぎる。

このまま放置していてはさすがにまずいので受付で相談することにして、担当者に状況を説明し始めた時、買い物袋を抱え、笑みを浮かべた件の女性が玄関から入ってくる。

「今までなにやってたの？　みんなで心配してたんだよ」

「途中で知り合った人と一緒に飲みにいっていただけですよ」

「チェックインもしてないのに名前も知らない人に荷物を預けたまま、連絡もしないで夜中に戻ってくるなんて少し非常識すぎるよ」とさすが頭にきて注意する。

ところが、「なんで怒られなきゃなんないんですか」と言い返してくる。

あまりの自分勝手な行動に二の句がつげないまま、あぜんとするばかり。この女性の非常識な行動に周りが振り回されて、不愉快に終わった一日だった。

九月十三日　アムステルダム

明け方、携帯電話の目覚まし音が鳴り響く。そのまま鳴り続け、止む気配がない。そばの男性が持ち主に何度も声をかけるが、目を覚まさない。結局、持ち主が音を止めるまで十分ほどもかかる。昨夜から災難が続く。

今にも雨の降りそうな黒雲が空を覆っている。風が強くて、寒い。

今日はユースのそばのゴッホ美術館を見学して、午後から町を散策。運河のそばの複雑に入り組んでいる道を歩き回る。運河のほとりには十七世紀に建てられた家並みが続く。静かで、古色の醸し出す、ゆるやかな雰囲気がなんともいえない。

ユースに戻るとラウンジで若い日本人女性二人と雑談。

一人は三十歳くらいの大阪出身の女性で会社をやめて、世界中を旅して回っているとのこと。

「最初にインドに行って、ベナレスを訪れた後は、北欧を回って、ちょうど一ヶ月たったところだけど食べ物が口に合わなくて、もう日本に帰りたくなって」

それでも南米、北米を回って、半年後に帰国するとのことで、そのたくましさには感心する。まだ旅に出て二週間ほどのもう一人の女子大生も食べ物が合わないとこぼし始める。

アムステルダムの町を縦横に流れる運河

オランダにしても、そばには世界の料理店が立ち並んだ一画があるのだが、オランダ料理の店はほとんど見かけない。

「こちらの人に聞いたら、今のところ、一番おいしいのはインドネシア料理だそうですよ。なにせフライドポテトにマヨネーズをつけただけのものが名物料理になるような国ですからね」

三人で食べたい日本の食べ物の話をしだすとしばらく止まらない。

二人ともパソコン持参の旅で、インターネットで宿や交通手段などを調べては旅をしているとのこと。

四年前の旅では、パソコンを使いながら旅をしている人をそれほど見かけなかったこともあって、この様変わりぶりに直面してみると自分が完全に時代に取り残されてしまったことを思い知らされて、さすがにショック。

九月十四日　アムステルダム

アランと一緒に朝食を摂る。フランスの川下りに向かうアランとは今日でお別れだ。

朝食を終え、アムステルダム中央駅に向かうアランを見送る。繊細で自然が大好きということもあって、親しみの持てる男だった。毎年、アウトドアの旅をしているアランが自転車旅行に興味を持っていて、「東南アジアを一緒に自転車で旅ができたらいいね」と口にする。ひょっとしたら、いつか一緒に旅ができるかもしれない。

国立美術館に絵を見に行く。

日本人たちの見学者に混じって、絵画を見て回る。美術史の名作の数々がさりげなく掲げてある様子に驚かされる。

絵を見終わると今度は中央駅のそばにあるチェット・ベイカーが最期を終えたホテルの見物だ。

チェット・ベイカーはジャズ・トランペッターとしても歌手としても一時期はゆるぎない人気を誇

った存在だった。しかし、次第に麻薬にのめり込み、住まいにしていたアムステルダムのホテルの窓から転落して亡くなる。死の原因は不明のままだが、最後まで麻薬に溺れていたことを考えると自ら緩慢な死を選んだといっても間違いはないようだ。

「プリンス・ヘンドリック」は五階建てほどの間口の狭い、小さなホテルだ。ホテルの前に立っていると孤独に打ち震えるような彼の歌声やトランペットの響きが沸き上がる。その悲惨な結末は、命と引き換えざるを得ないほどの繊細さに恵まれた者の宿命だったのかもしれない。

ユースに戻るとラウンジでは中年のオランダ人女性たちが周り中に響きわたるような大声を張り上げながら、トランプのゲームに興じている。どこの国でも中年になれば女性の方が元気がある。しかし、この底抜けの明るさは日本人とは少し体質が違うようだ。

フランスでの川下りに出発するアラン

九月十五日　アムステルダム

今日はなんとか天気がもちそうなのでキンデルダイクの風車の見物に出かける。中央駅で券売機のキップの買い方がわからず、そばにいた三十代の夫婦に尋ねると男性が日本語で答えてくる。以前、豊田市で働いていたことのあるブラジル人だ。

駅の改札口は無人でホームには電車の表示もないし、アナウンスもない。車掌も駅員も見かけない。徹底して合理化されているので不便極まりない。

この夫婦と一緒にキンデルダイク行きのバスに乗る。

バスでは途中から日本人のバックパッカーの青年が乗り込んでくる。東京の大学生だ。

「インドからヨーロッパに回ってきたので、こちらは少し刺激が感じられないですね」

「これから先の予定は？」

「風車を見てから、どこに行くかはまだ決めてないんですよ。いつも目的地に着いて、人に尋ねたり、スマートフォンなどで宿を探したりとかやってます」

目的地に着いてしばらく歩くと運河のそばに風車の姿が現れる。辺り一帯には緑に覆われたのどかな田園風景が広がる。写真などで慣れ親しんできた風景なので、少しなつかしさの混じった安らぎを感じる。大学生と雑談をしながら、風車の辺りを歩き回る。

旅で出会った日本の若者たちと話していて気づくのは、自分の学生時代に蔓延していた現実から遊離した空虚な理想主義を振りかざすような考え方は影をひそめ、世の中の動きを冷静に見つめ、現実的な見方ができていることだ。

当時と違って、大きな幻想を振りまいていた社会主義が破綻したこともその理由の一つだろうが、それだけではなく、インターネットなどを利用して、かつてとは比べものにならないほどの規模で個人レベルでの生の情報の入手が可能になってきたことの影響が大きいように感じる。従来のように、

キンデルダイクの風車

既成メディアから一方的に発信されてくる考え方に対して、人々が疑問をいだき、その呪縛から解放されようとしている現象が顕在化してきているように思える。とにかく、時代の流れが激変したことを痛感する。

風車見物の後、新たな目的地に向かう大学生と別れ、ブラジル人夫婦と一緒に中央駅まで戻り、握手して別れる。

ラウンジではバーで買ったビールを飲みながら過ごす。受付では、おかっぱ頭にスカート姿の五十歳くらいの男性が「この近くにタイ式マッサージの店はないの？」と尋ねている。しかし、この種の人物がいてもここではまったく違和感がない。なにせ、オランダは自由の都市として長い歴史をもった国だ。

同じ部屋に長逗留しているニューヨークからやって来たインド系のアメリカ人がいる。四十歳くらいの病院勤務の男性だ。時折、会話を交わしているのだが、やたらに日本のことを誉める。「ずっと日本車に乗っているけど、とにかく性能がすごいよ。ビールだって日本のものが最高だよ」

海外を旅していると、日本の文化や日本製品の質の高さを賞讃する人に出会うことが少なくない。外交はもちろん大事だが、こういった地道なビジネスの積み重ねが日本の本当の評価につながっていくのだと痛感させられる。

九月十六日　アムステルダム

今にも雨の降りだしそうな曇り空。ライツェ広場の辺りを散策しながら、公衆電話からデニスに電話をする。

「明日、また連絡してくれる?」彼の弾んだような返事が戻ってきたのでほっとする。デニスはアムステルダムに住んでいるクルド系の三十代後半の男性だ。二〇〇八年にポルトガルからポーランドまで自転車で旅をした時、ポーランドのクラクフの安宿で知り合った。映画にやたらに詳しくて、話題の豊富な男なので、すっかり意気投合して、翌日、二人で一日中クラクフの町を歩き回った。旅行の最後の国、ポーランドにたどり着いたという開放感にひたりながら、デニスと雑談して一日を過ごしたこともあって、忘れられない人物だ。久しぶりの再会が待ち遠しい。

ユースに戻る。すぐ隣のベッドに日本人らしい若者がいるのに気づき、声をかけてみる。日本からアムステルダムに着いたばかりとのこと。

しかし、この青年はやたらに口が重くて、周りと打ち解けようとしない。旅に出たばかりというのに高揚感らしいものも感じさせない。

せっかく、いろんな人たちと話せる絶好のチャンスなのに沈黙したままだ。これで、旅をしていて面白いのだろうかと気になってしまう。

九月十七日　アムステルダム

いよいよ出発が明日となったので、今日が事実上アムステルダム最後の日となった。デニスに電話すると二時にユースに来てくれるとのこと。入り口で待っていると笑みを浮かべたデニスが自転車でやって来る。

クルドの挨拶の作法なのだろうか、抱擁して頬を合わせるような仕草をして再会を喜び合う。四年の空白があるのだが、まったく時の隔たりを感じさせない。デニスはユースの近くのトルコ人居住地域に住んでいるので彼の案内でなじみのカフェまで歩く。

「昨日、電話を受けた時はまだリスボンにいたんだよ。夏休みの休暇で出かけていて、たったいまアムステルダムに帰ってきたばかりさ」

帰国便の空きがなくて、日程が少し遅れたことが幸いしたようだ。ローマからの旅について話をすると「次の自転車旅行はどこを考えてるの?」と聞いてくる。

「トルコはぜひ行ってみたい国だね」

「僕の故郷はね、トルコの東部の二千メートル級の山々に囲まれた小さな村だよ。冬の積雪は三メートルにもなる。夏は羊たちを連れて、草の多い山の方に移動し、秋になると村に戻るという生活さ」

と子供のころまでいた村の話をし始める。

そこでの生活は物質的には恵まれたものではなかったはずだし、そもそもクルド人はトルコでは迫害されてきた存在だ。つらい経験をしてきたのだろうが、そのことには触れようとしない。いつも笑みを絶やさないのはよほど明るい性格に生まれついた男らしい。

デニスはリスボンで撮った画像をスマートフォンで見せながら、リスボンのことを語る。映像の仕事をやっていたこともあって、見事な画像だ。リスボンの静かに老いていく、たたずまいがよほど気に入ったらしい。

運河のほとりを歩きながらベンチに坐る。彼は運河沿いに続いている家並みを指差しながら「オランダが海外の植民地で獲得した当時の富で造られた家だよ。間口が狭くて、奥行きがあるのは間口の大きさで税金が決められていたせいだよ」京都の家並みの間口の狭さと同じ理由なのが面白い。

目まぐるしく姿を変え続ける雲を見ながら「アムステルダムはね、一時間で四季が体験できるといわれているんだ。雲が広がると冬になり、晴れ間から日が差し始めると夏になるとね」

町のあちこちにあるマリファナを吸わせるコーヒーショップの話題になる。

「アムステルダムはね、マリファナ以外の麻薬でも禁制品はなんでも入手できるよ。でも、こちらの人間はマリファナの扱い方を知っているから無茶なことはしないよ。中毒になるのはほんの一部の人間さ」

さらに歩いて別の店に移る。しばらくするとデニスの連絡を受けたデニスの友人の一人が顔を見せ

カフェで談笑　右がデニス、左がシナン

る。デニスと同年配の男性だ。

「クルド出身の友人で名前はシナン。俳優をやっていて、趣味で合気道もやっているよ」

「合気道はもう十年続けてるよ。その前には柔術もやってた」とシナン。背はそれほど高くはないが、さすがにがっしりした体格の男だ。

「アムステルダムには合気道の道場がいっぱいあって、こちらでは人気のある武道だよ」

デニスは映画に詳しい男なのでシナンが来るとやはり映画の話になる。

「『羅生門』や『七人の侍』は、本当にすごい映画だよ」シナンはさすがに本業だけあって、真剣な眼差しで語る。

「日本映画はよく観ているけど、いつもどこか暗い（scary）雰囲気を感じてるんだけど、どうしてなのかな？　日本はよほどストレスの強い社会なのかな？」前回の旅でもデニスから同じ質問をされているので、よほどその印象が強いらしい。

閉鎖的な組織の中で強い者への媚びへつらいや度し難いほどの自己保身が横行する社会ということもあって、彼の指摘は日本の社会の病理を直感的にとらえているような感じがする。

視野の狭い人間がひしめき合う、過度に同質的な日本の社会の底には陰湿な生存競争から生じたおりのようなものがたまっていて、それが暗闇の中で発光しているイメージが頭をかすめる。

しかし、日本人である自分にはそのことを十分に客観視できないこともあって、それがデニスの指摘しているものなのかは判別のしようもない。

「たぶん、そうだろうね」と曖昧に返事するだけだ。

二人は村上春樹が好きらしく、その話になる。「英訳されているかどうか知らないけど村上のトルコ旅行記は面白いよ」と話すと二人はがぜん興味を示しだして、スマートフォンで調べたりする。

クルド人として迫害され、国を捨てたような立場の二人だが、かれらの故郷トルコにはやはり強い愛着を持っていることは間違いないようだ。

しばらく、なごやかな会話で過ごした後、二人と別れの挨拶を交わし、ユースに戻る。明日の出発を控えて、少し気分が高揚しているのを感じる。

九月十八日　アムステルダム

雨が降っている。朝食を早々と済ませて部屋に戻る。まだ薄暗い室内では住人たちは寝たままだ。挨拶もしないまま、出発するのも気が引けて、ベッドの中のインド人に声をかける。

笑顔で握手を交わし、いよいよ出発だ。午後遅くの便なのだが、自転車を運んだりするので早めに空港へ行くことにしたのだ。フロントで手配してもらったタクシーが着くとまずは自転車の入った大型のダンボール箱を積み、座席に乗り込む。車が動き出すとやがて激しい雨となる。自転車通勤をする人たちや厚着姿で歩く人たちを追い越しながら、曲がりくねった道を進む。

雨が路面をたたきつけ、車がそれを押しつぶし、はじき飛ばして進む音を耳にしながら、雨に濡れそぼったアムステルダムの町並みをぼんやり眺める。

日本に帰れるという開放感と旅の終わりの寂しさとが交錯する思いにひたっているうちに、旅の出来事が雨のスクリーンに次々と浮かんでは、流れて、消えていく。

そして、今はすべてが遠い過去になってしまったような気がし始める。

あとがき

この本は、二〇一二年六月十七日から九月十九日までのヨーロッパ自転車旅行の記録だ。

筆者は、二〇〇八年にも同年四月から七月までの一〇五日間をかけて、ポルトガルからポーランドまでの五七〇〇キロの自転車の旅をしている。したがって、筆者にとっては、これが二回目のヨーロッパの自転車の旅となる。

この旅は，当初、二〇一一年四月の出発を予定していた。航空券の手配など旅の準備をすべて済ませ、後は出発を待つばかりとなっていたその年の三月、運命の十一日が訪れた。

大津波に呑み込まれる町と人の姿に衝撃を受け、ぼうぜんとしてその日々を過ごした。

しばらく考えた末、航空券やホテルの予約をすべてキャンセルし、旅は翌年に延期することにした。

東北の惨状を目のあたりにした後では、とうてい自転車旅行をする気分にはなれなかったからだ。

その後は、地元福岡市のボランティア・グループに加入して、被災地での復旧活動に参加したりした。

二〇一二年も、三月に現地入りしたこともあって、旅行の出発は大幅にずれ込み、六月となってしまった。

旅行の期間として、全部で三ヶ月を見込んでいたので、帰国の時期を考えると六月はかなり遅い出発となる。

走る経路についてもローマから走り始め、オランダのアムステルダムから帰国することを決めていただけで、当初はイタリアを中心に走ることにしていた。イタリアに重点を置いたのは、初めて訪れる国でもあったし、イタリア語を勉強していたこともあって、思う存分走ってみたいと思っていたからだ。

そのままイタリアに滞在し、帰国の時期に合わせて鉄道などでアムステルダムに移動することも想定していたため、最初からローマからアムステルダムまで走ることにしていたわけではなかった。

ローマから走り始めたが、予想していた以上にイタリアの地形が厳しすぎてイタリアを走り回ることが容易ではないことがわかってきた。そこでイタリアを抜け、スロベニア、ハンガリーまで走って、そこからオランダまで向かうことにした。

このような事情もあって、経路などほとんど白紙の状態で走り続ける旅となった。

ハンガリーからオランダに向かう経路は、ヨーロッパを西から東に向けて吹く偏西風の関係で逆風になってしまう。したがって、自転車旅行としては通常とは逆の方向になる。

このように時期も経路もかなり変則的な旅になってしまった。

前回の旅でも同じだったが、天候には苦しめられた。とくにイタリアでは肌を刺すような強烈な日差しと炎熱の中を連日走ることになった。その後は、北風のボラに遭遇したり、オーストリア辺りからは気温が下がり、寒ささえも感じるようになった。北ドイツの曇り空の下に広がる陰惨とも思えるような荒涼とした風景の中をひとりで走っていると寒さと孤独感で打ちのめされるような気分となってしまった。

山道にも苦労した。シチリア島の内陸部の山道の急な傾斜に苦しみ、半島部に移動してからもチヴィタヴェッキアからフィレンツェ辺りは山道が続き、旅を断念することさえも頭をよぎることになってしまった。

宿の確保も大変だった。宿泊を露骨に断られたりすることも再三で、そのたびに人種的な差別を受けているような感じがして、嫌な気分にさせられた。

それでも、なんとかそれを乗り切り、最終目的地のアムステルダムまで走ることができたのは幸いだったとしかいいようがない。

旅をしている間はつらいことばかり体験しているように思えていても、旅から帰って、しばらくすると苦しかったことが次第に記憶から消えていき、いつの間にか旅の思い出が懐かしいものに変わっていく。

決まりきったことの繰り返しの毎日に慣れきってしまい、日頃は感動することさえも忘れているのだが、旅をしているとささやかなことにも心を揺り動かされる。そんな旅の断片が懐かしさをともなって心のアルバムの中に静かに浮かび上がってくる。

自転車の旅はつらいことが多いけれども、続けていけるのはどんなにささやかであってもこのような報酬があるためなのだろう。

そう考えてみると、自転車の旅は砂の中から砂金を取り出す作業みたいなものかもしれない。

そして、これからも見つかるかどうかもわからない一粒の砂金を探すために苦しい旅を続けていくような気がする。

しょせん、ロバはロバでしかないからだ。

出版状況が厳しい中、今回の出版も未知谷にお引き受けいただいた。同社の飯島徹、伊藤伸恵両氏にあらためて感謝の言葉を申し上げる。

いしおか　みちたか

1948年福岡県生まれ。早稲田大学法学部卒。2007年まで独立行政法人に勤務。主に沖縄でのサイクリングを愉しんでいたが、2008年にはポルトガルからポーランドまでの自転車でのヨーロッパ横断旅行を体験。著書『ロバは自転車に乗って』（未知谷）。

ロバはまだ自転車《じてんしゃ》に乗《の》って

シチリアからアムステルダムまで
ヨーロッパ縦断自転車四、六〇〇キロの旅

2015年4月20日初版印刷
2015年5月15日初版発行

著者　石岡通孝
発行者　飯島徹
発行所　未知谷
東京都千代田区猿楽町2丁目5-9　〒101-0064
Tel. 03-5281-3751 / Fax. 03-5281-3752
［振替］　00130-4-653627
組版　柏木薫
印刷所　ディグ
製本所　難波製本

Publisher Michitani Co. Ltd., Tokyo
Printed in Japan
ISBN978-4-89642-472-0　C0095